工业机器人专业人才“十三五”规划教材

U0795830

工业机器人离线编程仿真技术

主　编　邓守峰　李福运
副主编　魏　智

北京航空航天大学出版社

内 容 简 介

《工业机器人离线编程仿真技术》是一本基于 GSK 数控系统的工业机器人虚拟仿真教程，其结合工业机器人虚拟仿真技术在工业中的应用实况，详细地介绍了 GSK 工业机器人操作系统和 GSK 工业机器人仿真系统的使用方法。本书以操作步骤为导向，将涉及的全部操作内容梳理制作成与之对应的操作导向步骤栏，彻底改变了以往的教材叙述结构，内容通俗易懂，同时配有部分重点或难点的完整视频解析，是一本新型多功能教材。本书可作为中高职院校和技工院校的工业机器人技术、机电一体化技术、自动化技术等专业的课程教材，也可用作企业员工自学和培训的参考教材。

图书在版编目(CIP)数据

工业机器人离线编程仿真技术 / 邓守峰，李福运主编. -- 北京 ：北京航空航天大学出版社，2018.11

ISBN 978-7-5124-2737-2

Ⅰ. ①工… Ⅱ. ①邓… ②李… Ⅲ. ①工业机器人—程序设计—高等职业教育—教材 ②工业机器人—计算机仿真—高等职业教育—教材 Ⅳ. ①TP242.2

中国版本图书馆 CIP 数据核字(2018)第 266673 号

版权所有，侵权必究。

工业机器人离线编程仿真技术

主　编　邓守峰　李福运

副主编　魏　智

责任编辑　蔡　喆　李丽嘉

*

北京航空航天大学出版社出版发行

北京市海淀区学院路 37 号(邮编 100191)　http://www.buaapress.com.cn

发行部电话：(010)82317024　传真：(010)82328026

读者信箱：goodtextbook@126.com　邮购电话：(010)82316936

涿州市新华印刷有限公司印装 各地书店经销

*

开本：787×1 092　1/16　印张：7.5　字数：192 千字

2019 年 1 月第 1 版　2019 年 1 月第 1 次印刷　印数：3 000 册

ISBN 978-7-5124-2737-2　定价：24.00 元

若本书有倒页、脱页、缺页等印装质量问题，请与本社发行部联系调换。联系电话：(010)82317024

前　言

随着科学技术的发展和社会的进步，计算机技术迎来了高速发展的时代，现代计算机技术不断向智能化方向发展，并逐步渗入人们生活中的每一个领域，给人们的生活带来了前所未有的变化。在科研领域，计算机技术与仿真技术相结合，形成了计算机仿真技术，该技术作为科学研究的一种新型方法被应用到各个领域，用来解决用纯数学方法或现实实验无法解决的问题，对科研领域技术成果的形成有着积极的促进作用。

工业机器人是机器人的一种，是一种仿人操作、自动控制、可重复编程、能够在三维空间完成各种动作的机电一体化的自动化生产设备。它对稳定和提高产品质量、提高生产效率、改善劳动条件，以及产品的快速更新换代起着十分重要的作用。随着世界工业自动化的不断发展，工业机器人正在向智能化、模块化、批量柔性化的方向发展。随着机器人应用领域的不断扩展和深化，工业机器人已成为高新技术产业之一，将对生产和社会发展起着越来越重要的作用。而计算机仿真技术与工业机器人编程相结合而形成的工业机器人离线编程仿真技术的发展，为机器人远程控制、简化机器人编程难度、机器人虚拟现实生产和提高编程质量提供了可行性，极大地促进了机器人在生产和生活中的应用。

近几年国产工业机器人百花齐放，随着其市场占有率的逐渐提高，对相应教材等课程资源的需求也逐日增加，本书汇集了工业机器人技术专业教学的成果和经验，基于GSK工业机器人的操作与应用，以GSK工业机器人离线编程软件RobotAssist的操作为例，同时结合相关行业岗位（如工业机器人离线编程、工业机器人喷涂离线编程与仿真等典型工作任务），深入进行了知识点和技能点的需求分析，打破传统理论教学与实践教学的界限，将知识点和技能点融入项目任务中。每个项目由若干任务组成，每个任务都由具体的描述引入，按照"任务描述、知识学习、任务实施"进行逐步讲解，在培养读者养成良好学习习惯和科学思维方法的同时，也更加适用于工学结合、项目引导、"教与学一体化"的教学需求。书中的每个任务都由课程编写组根据本溪机电工程学校实际教学编写，从职业院校开发的基础教学工作站实训任务而来。

本书由本溪机电工程学校、鞍山星启数控科技有限公司、广东松山职业技术学院和广州数控设备有限公司等校企联合开发，由本溪机电工程学校的邓守峰和广东松山职业技术学院李福运担任主编，鞍山星启数控科技有限公司的魏智为副主编。参与编写的还有本溪机电工程学校的李海光、马曦、王凤、刘维忠和鞍山星启数控科技有限公司的吴镝等。

由于作者水平有限，书中遗漏之处欢迎各位读者批评指正。

在编写过程中，作者参阅了国内外相关资料，在此向原作者表示衷心的感谢。

编　者

2018 年 10 月

增值服务说明

本书为读者免费提供配套资料，以二维码的形式分别印在相关章节侧边栏中，请使用微信或手机浏览器扫描二维码观看。

目　录

项目1　工业机器人离线编程仿真技术的发展与现状

学习目标

1. 了解计算机仿真技术
2. 了解机器人离线编程仿真技术的发展情况

应知学习

1. 了解计算机仿真技术的定义
2. 了解计算机仿真技术的原理及应用
3. 了解工业机器人的应用环境及特点
4. 了解 DTPS 离线编程仿真软件的演变

随着科学技术的发展和社会的进步，计算机技术迎来了高速发展的时代，现代计算机技术不断向智能化发展，并逐步渗入人们生活中的每一个领域，给人们的生活带来了前所未有的变化。在科研领域，计算机技术与仿真技术相结合，形成了计算机仿真技术，该技术作为科学研究的一种新型方法被应用到各个领域，用来解决用纯数学方法或者现实实验无法解决的问题，对科研领域技术成果的形成有着积极的促进作用。

工业机器人是机器人的一种，其操作是一种仿人操作。工业机器人是一种采用自动控制技术和可重复编程技术实现在三维空间完成各种动作的机电一体化的自动化生产设备。它对稳定和提高产品质量、提高生产效率、改善劳动条件，以及促进产品更新换代起着十分重要的作用。随着世界工业自动化的不断发展，工业机器人正在向智能化、模块化、批量柔性化的方向发展。随着机器人应用领域的不断扩展和深化，工业机器人产业已成为高新技术产业之一，对生产和社会发展起着越来越重要的作用。计算机仿真技术与工业机器人编程相结合而形成的工业机器人离线编程仿真技术的发展，为机器人的远程控制、简化机器人编程难度、机器人虚拟现实生产和提高编程质量提供了可行性，极大地促进了机器人在生产和生活中的应用。

任务 1　计算机仿真技术的概述

1. 计算机仿真技术的定义

计算机仿真技术是以多种学科和理论为基础，以计算机及其相应的软件为工具，通过虚拟实验的方法来分析和解决问题的一门综合性技术。计算机仿真（模拟）早期称为蒙特卡罗方法，是一门利用随机数实验求解随机问题的方法，其原理可追溯到 1773 年法国自然学家 G. L. L. Buffon 为估计圆周率值所进行的物理实验。根据仿真过程中所采用的计算机类型的不同，计算机仿真大致经历了模拟机仿真、模拟-数字混合机仿真和数字机仿真三大阶段。20 世纪 50 年代，计算机仿真主要采用模拟机；20 世纪 60 年代后，串行处理数字机逐渐应用到仿真之中，但难以满足航天、化工等大规模复杂系统对仿真时限的要求；到了 20 世纪 70 年代，模拟-数字混合机曾一度应用于飞行仿真、卫星仿真和核反应堆仿真等众多高技术研究领域；20 世纪 80 年代后，由于并行处理技术的发展，数字机才最终成为计算机仿真的主流。现在，计算机仿真技术已经在机械制造、航空航天、交通运输、船舶工程、经济管理、工程建设、军事模拟以及医疗卫生等领域得到了广泛的应用。

模拟(Simulation)是以模型为基础的拟合,是拟合原系统的一个抽象模型,而不需要实际去做真实系统要做的事情。因此它其实不具备真实系统的功能,只是当某一功能执行时(通常不必输出功能执行的结果),在 simulator 中记录或验证其状态的变化,因此常用于设计初期的模型验证,对真实事物或者过程的虚拟。一般模拟是用软件实现的。

仿真(Emulation)是以功能为基础的效仿,是较模拟更进一步的验证,是完全依据现实参数实施真实系统模拟,可以认为仿真是一种重现系统真实状态的特殊的模拟。一般仿真也可以通过软件来实现,但一定涉及硬件参数的实现的方式;它一般用于处理兼容性问题和在资源有限的条件下完成系统原型的实现。

计算机仿真技术(Computer simulation technology)是利用计算机科学和技术的成果建立被仿真的系统的模型,并在某些实验条件下对模型进行动态实验的一门综合性技术。它具有高效、安全、受环境条件约束较少、可改变时间比例尺等优点,已成为分析、设计、运行、评价、培训系统(尤其是复杂系统)的重要工具。计算机仿真作为分析和研究系统运行行为、揭示系统动态过程和运动规律的一种重要手段和方法,随着系统科学研究的深入,控制理论、计算技术、计算机科学与技术的发展而形成的一门新兴学科。近年来,随着信息处理技术的突飞猛进,仿真技术得到迅速发展。本文根据作者的研究体会,试图从仿真的含义入手,讨论现代仿真方法、建模方法、仿真算法、可信度研究等,为在系统仿真中合理、有效地运行仿真新方法和新技术做一些探索。计算机仿真的实质是建立系统模型并放到计算机上进行实验,即面向研究对象利用计算机建立实验环境,验证功能状态或效果,服务于生产和生活。

2. 计算机仿真技术的原理及应用

对于需要研究的对象,计算机一般是不能直接认知和处理的,这就要求建立一个既能反映所研究对象的实质,又易于被计算机处理的数学模型。研究对象、数学模型和计算机之间的关系如图 1－1－1 所示。

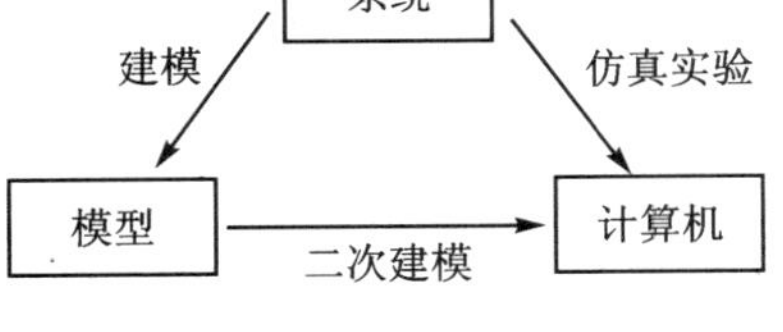

图 1－1－1

数学模型将研究对象的实质抽象出来，计算机再来处理这些经过抽象的数学模型，并通过输出这些模型的相关数据来展现研究对象的某些特质，当然，这种展现可以是三维立体的。由于三维显示更加清晰直观，已为越来越多的研究者所采用。通过对这些输出量的分析，就可以更加清楚地认识研究对象。通过这个关系还可以看出，数学建模的精准程度是决定计算机仿真精度的最关键因素。从模型这个角度出发，可以将计算机仿真的实现分为三大步骤：模型的建立、模型的转换和模型的仿真实验。

(1) 模型的建立

对于所研究的对象或问题，首先需要根据仿真所要达到的目的抽象出一个确定的系统，并且要给出这个系统的边界条件和约束条件。此后，需要利用各种相关学科的知识，把所抽象出来的系统用数学表达式描述出来，描述的内容就是所谓的“数学模型”。这个模型是进行计算机仿真的核心。

系统的数学模型根据时间关系可划分为静态模型、连续时间动态模型、离散时间动态模型和混合时间动态模型；根据系统的状态描述和变化方式可划分为连续变量系统模型和离散事件系统模型。

(2) 模型的转换

所谓模型的转换，即将上一步抽象出来的数学表达式通过各种适当的算法和计算机语言转换成为计算机能够处理的形式，这种形式所表现的内容就是所谓的“仿真模型”。这个模型是进行计算机仿真的关键。既可以自行开发一个新的系统，也可以运用现在市场上已有的仿真软件实现这一过程。

(3) 模型的仿真实验

将上一步得到的仿真模型载入计算机，按照预先设置的实验方案来运行仿真模型，即可得到一系列仿真结果。但是仿真结果需要通过分析或验证来证实其可靠性。

基于以上功能的完善和计算机仿真技术的不断推进，计算机仿真技术已经应用到很多领域，能实现对象仿真、定性仿真、智能仿真、分布交互仿真、可视化仿真、多媒体仿真、虚拟现实仿真等功能，大大改善了产品试制或生产的环境，提高了生产效率和产品质量。

任务2 工业机器人离线编程仿真技术的发展情况

1. 工业机器人的应用环境及特点

工业机器人作为以“机器代人”实现工业自动化的最直观有效的形式，自 1961 年第一台工业机器人 Unimate 在美国通用汽车生产线上出现后，发展一直没有停步。在最初发展的数十年中，其主要应用于对生产线效率、可靠性、安全性等要求较高的汽车生产领域。

示教编程是工业机器人常用的编程方法之一，随着工业机器人的使用和推广，工业机器人编程难等问题尤为突出，集中表现以下几点。

(1) 示教在线编程效率低、成本高

由于机器人结构复杂，使用工业机器人的一线工人需要经过严格和复杂的培训才能较好地示教编程，且操作非常烦琐，这为企业增加了巨大的成本。

(2) 无法快速适应环境变化

机器人与人类最大的区别就在于对环境的感知，即便近几年人工智能在不断发展，但机器人对于环境的感知程度依然很弱。一旦环境突变，非常有可能造成机器人大面积瘫痪，甚至引发工厂安全事故。

(3) 安全性差

工业机器人在操作过程中，有时会与人类实际接触，尤其是协作机器人，若设计时出现安全漏洞，被黑客劫持或者在运动规划时发生计算错误，非常容易发生机器伤人的意外。

(4) 操作精度低

精度完全是靠示教者的目测决定的，而且对于复杂路径，示教在线编程难以取得令人满意的效果。

2. DTPS 离线编程仿真软件的演变

DPTS 即机器人计算机模拟及编程系统，是 Panasonic 机器人在计算机上进行示教和离线编程的软件。利用 DTPS 不仅可以离线编辑机器人程序并进行动画模拟，还可以对实际设备的参数进行修改，并使修改后的参数反映到实际设备中。其主要用于设备方案的研讨、机器人动作范围确认及节拍估算等。

DTPS 使用的力学、工程学等计算公式和机器人是同一个计算式，因此其模拟精度很高，是计算机仿真技术在工业机器人领域的重要体现。它利用计算机仿真技术与虚拟现实技术，在计算机上实现工业机器人控制与编程的每一个环节，实现整个生产过程的管理与控制。

随着机器人计算机模拟及编程的应用与推广，工业机器人离线编程仿真技术如雨后春笋般出现，目前较为成熟的有 RobotStudio、ROBCAD、RobotWorks，以及国产的 RobotAssist、RobotArt 等，这些软件可对数据进行整体转换、程序平移等，程序编辑效率高(离线编程可节约 1/3 的时间)，机器人及设备模型均可 3D 实时显示，操作的内容和实际机器人完全相同，也可进行数据管理、工具使用，对于不同系列的机器人程序转换后仍可使用，方便升级，这使得工业机器人的操作不再严格依赖操作者的技术和经验，可以实现对制造的全方位预测，大大提高了工业机器人的编程速度，降低了其操作难度。

RobotAssist 是广州数控设备有限公司推出的一款辅助用户编程的离线软件。不同于以往的大型软件，这款软件的操作相对比较简单，学习周期短且容易上手，支持多种格式的三维 CAD 模型，可导入扩展名为 step、igs、stl、xt、prt(UG)、prt(ProE)、CATPart、sldpart 等格式。软件根据几何数模的拓扑信息生成机器人运动轨迹，集后轨迹仿真、路径编辑、姿态调整、后置代码于一体，同时集碰撞检测、场景渲染、动画输出于一体，可快速生成效果逼真的模拟动画，广泛应用于打磨、喷涂、焊接、激光切割等领域。

思考实践

1. 离线编程仿真有什么作用？
2. RobotAssist 离线编程仿真软件有哪些特点？

项目2　认识、安装工业机器人仿真软件

学习目标

1. 认识 RobotAssist 机器人仿真软件
2. 安装 GSK 品牌工业机器人仿真软件 RobotAssist

应知学习

1. RobotAssist 工业机器人软件介绍
2. RobotAssist 安装及注意事项
3. RobotAssist 可实现的主要功能
4. RobotAssist 软件的授权管理
5. 认识 RobotAssist 的软件界面

应会训练

1. 掌握 GSK 品牌工业机器人仿真软件 RobotAssist 的安装方法
2. 掌握对 RobotAssist 软件的授权管理方法
3. 掌握 RobotAssist 软件的操作界面

任务1　RobotAssist 机器人仿真软件

1. RobotAssist 工业机器人软件介绍

RobotAssist 软件是由广州数控设备有限公司推出的一款辅助用户编程的离线软件。这款软件操作相对比较简单，不同于以往的大型软件，学习周期短、容易上手。该软件的主要特点是：兼容复杂轨迹编程软件，如 UG、MasterCam 等，适用于单机程序编辑、虚拟仿真、程序转换，暂时不支持产线联调。

在软件应用方面，RobotAssist 离线软件本身不能生成轨迹，需要通过第三方软件才能生成轨迹。第三方软件主要有 UG、MasterCam 等，这些软件比较成熟，用户群相对比较广泛。要离线首先要有用户产品的 3D 图，通过第三方软件生成 NC 应用程序轨迹，把轨迹导入 RobotAssist 软件，经过调试即转换为用户想要的机器人应用程序。

建模在离线实际应用中比较重要，关系到轨迹和位置的准确性。为了保证轨迹的准确性，机器人必须标定过零点，而且工具坐标系和用户坐标系也必须准确。建模过程中必须把实际数据参数输到软件模型中，这样才能保证模型与实际数据吻合，离线轨迹数据才能正常。

2. RobotAssist 安装及注意事项

RobotAssist 离线软件采用解压包运行，因此其不需要安装，只要解压在磁盘目录下即可，然后打开解压包，找到 robotassist release 文件包下的 RobotAssist 应用程序，其图标为 RobotAssist，右击选择“发送到桌面快捷方式”后再右击选择“创建快捷方式”，即可完成 RobotAssist 的安装。RobotAssist 离线软件采用密码狗加密，只有获得密码狗才能正常使用。

3. RobotAssist 可实现的主要功能

a. 仿真：主要是对轨迹进行模拟运行仿真，检查轨迹的姿态及能否正常运行。

b. 导入模型：导入模型包括导入机器人、工具及外围设备等模型。

c. 导入轨迹：用于导入离线 NC 轨迹程序。

d. 保存模型：用于保存当前设置好的模型，方便第二次调用（该功能暂时没有开放）。

e. 停止：用于停止当前轨迹仿真模拟状态。

f. 编辑轨迹：对轨迹的数据进行编辑，可以增加、减少点数据或改变数据的值，以达到优化轨迹的目的。

g. 系统设置：主要设置系统参数及喷涂参数。系统参数用于调整应用方向以及显示、隐藏 3D 显示区部分特征，或者测量轨迹点数据之间的距离。

h. 输出文件：用于生产机器人应用程序。

i. 工具：用于输入工具坐标系值，或者对工具进行数据补偿。

任务 2　安装 GSK 品牌工业机器人仿真软件 RobotAssist

1. RobotAssist 软件的授权管理

RobotAssist 离线软件采用密码狗加密，因此要打开该软件首先应将对应版本的密码狗 SuperDog 插到计算机上，待计算机加载成功，显示器右下方出现“成功安装了设备驱动程序”后(见图 2-2-1)，才能打开 RobotAssist 离线软件并正常使用。

因 RobotAssist 离线软件采用密码狗 SuperDog 加密，要求软件和密码狗一一对应方能使用，因此在获得升级版本的 RobotAssist 离线软件包的同时，切记同时更新密码狗 SuperDog，否则会因离线软件包与密码狗信息不匹配而无法使用。

图 2-2-1

2. RobotAssist 的软件界面认识

RobotAssist 用户界面包括标题栏、下拉菜单、工具图标、操作图标、模型设置窗口、3D 显示窗口、输出窗口，如图 2-2-2 所示，输出窗口示意图如图 2-2-3 所示。

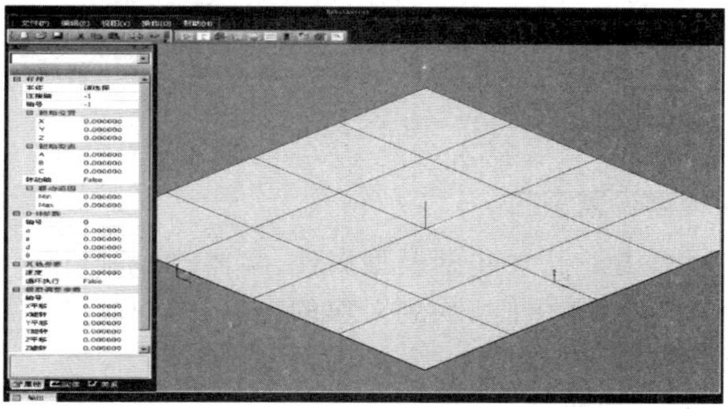

图 2-2-2

图 2-2-3

(1) 菜单区

菜单区中包括文件、编辑、视图、操作和帮助菜单，如图 2-2-4 所示，文件下拉菜单主要包括工具图标命令；编辑下拉菜单暂时无效；视图下拉菜单包括：工具栏和停靠窗口、状态栏、应用程序外观、视图模式、视图定向命令。

图 2-2-4

(2) 工具图标区

工具图标区主要包括创建、打开、保存和打印命令，如图 2-2-5 所示。通过鼠标可以拖动工具条，把鼠标放在工具图标区，单击“显示”移动标志即可；把鼠标放在工具栏上右击“打开”工具属性，去掉第一项可以隐藏工具图标。

图 2-2-5

(3) 操作图标区

操作图标区主要包括仿真、导入模型、导入轨迹、保存模型、停止仿真、轨迹编辑、示教盒打开、系统设置、输出文件、工具设置命令，如图 2-2-6 所示。各功能在任务 1 中已介绍过，此处不再赘述。

图 2-2-6

(4) 模型设置窗口

模型设置窗口主要包括模型属性、实体、关系窗口，用鼠标单击窗口下面的标题即可切换到对应的窗口；这些窗口主要用于参数设置及关系配置，如图 2-2-7 所示。

(5) 3D 显示窗口

3D 显示窗口主要用于模型显示及轨迹显示，通过模型静态或

图 2-2-7

者动态显示机器运行轨迹过程，模拟仿真轨迹真实运行状态，分析轨迹的可靠性，或者通过分析调整、修改轨迹的姿态。

a. 视图缩放：单击视图窗口，滚动鼠标中键可以缩放图形。

b. 视图移动：按住左键，在窗口移动可以移动图形。

c. 视图旋转：按住中键，可以旋转图形。

(6) 输出窗口

输出窗口主要用于显示软件当前运行的消息状态。

思考实践

1. 请叙述 RobotAssist 软件安装的注意事项。

2. 请叙述 RobotAssist 软件各操作键的功能与作用。

项目3　RobotAssist功能简介

学习目标

1. RobotAssist 软件工业机器人工作站的建立
2. RobotAssist 软件窗口操作介绍
3. RobotAssist 软件几何体模型及工具的导入操作
4. RobotAssist 软件中 TCP、WCP 的建立

应知学习

1. 创建 RobotAssist 软件工业机器人轨迹工作站组件
2. RobotAssist 软件窗口界面基本操作
3. RobotAssist 软件机器人的导入和工具的加载
4. RobotAssist 软件用户坐标系和工具坐标的设置

应会训练

1. 掌握 RobotAssist 软件的窗口界面操作
2. 掌握 RobotAssist 软件机器人模型、工具或辅助设备的导入
3. 掌握 RobotAssist 软件用户坐标系和工具坐标的创建

任务 1　建立工业机器人工作站

1. 创建工业机器人轨迹工作站组件

工业机器人本体创建轨迹工作站的建立是通过模型导入实现的。RobotAssist 导入工业机器人本体有两种方式。方式一如图 3－1－1 所示，方式二如图 3－1－2 所示。两种方式的操作步骤相同，如图 3－1－3～图 3－1－5 所示。

图 3－1－1

(1) 在菜单栏选择<操作>下拉菜单→导入模型。

图 3－1－2

(2) 在工具栏单击模型导入图标。

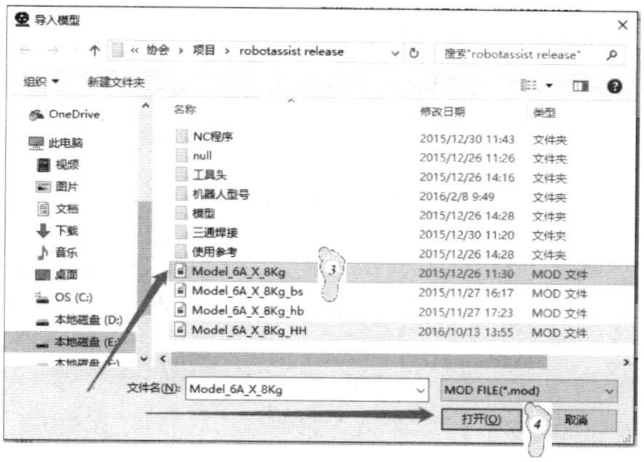

图 3－1－3

(3) 选择机器人本体模型。

(4) 单击"打开"按钮。

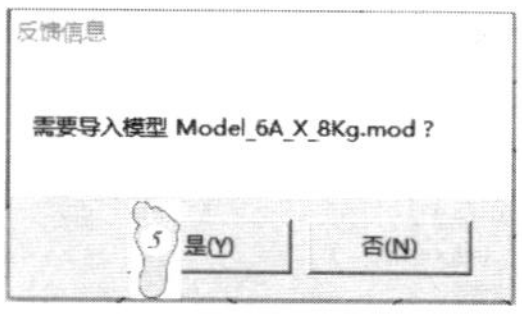

图 3－1－4

(5) 单击"是"按钮，完成工业机器人本体的导入。

2. 导入模型、工具或辅助设备

在现实生产中有的设备可能会对轨迹产生干涉，为了最大限度地实现虚拟现实的效果，工作站组件搭建中应尽量把生产中涉

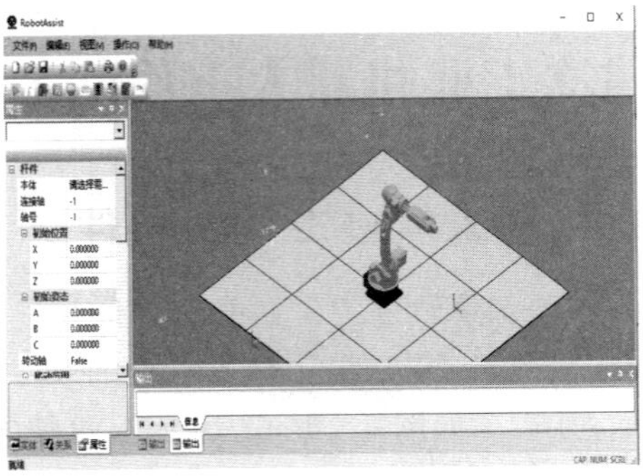

图 3-1-5

及的设备或工件创建并导入系统，这样工业机器人在虚拟仿真的时候就能反映生产现场真实的环境。

具体步骤和方法参照“创建工业机器人轨迹工作站”的叙述，这里不再赘述。

3. 创建工业机器人轨迹工作站的备份

完成工业机器人本体及轨迹工作站创建后，务必要保存备份，在保存时 RobotAssist 的默认路径是 robotassist release，如图 3-1-6 及图 3-1-7 所示。

1 单击“保存模型”按钮。

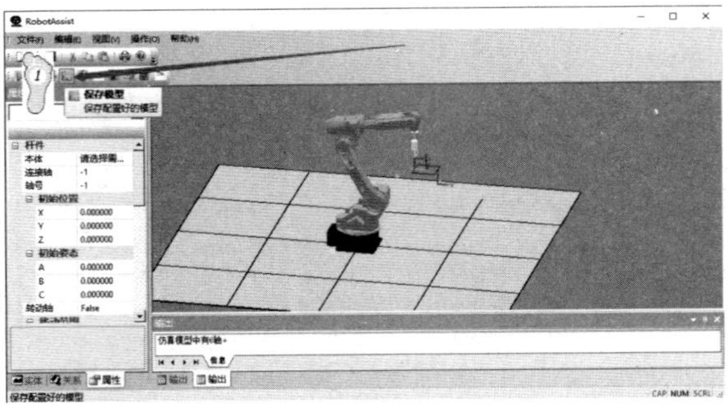

图 3-1-6

2 保存文件类型选择.gsk。

3 单击“保存”按钮。

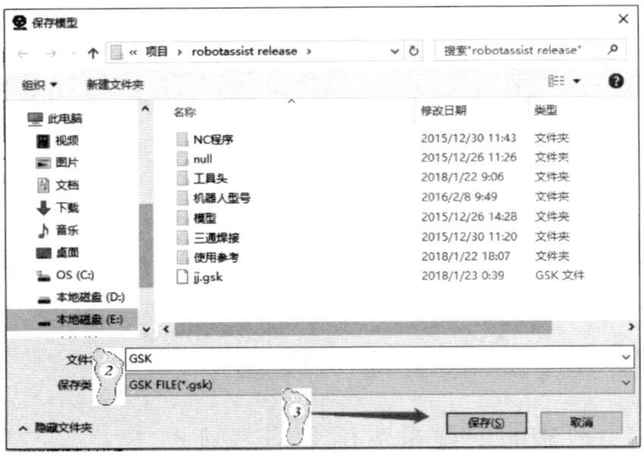

图 3-1-7

任务 2　RobotAssist 软件窗口操作介绍

1. 软件窗口操作介绍

RobotAssist 软件显示操作窗口分别由主菜单栏、图形编辑工具栏、虚拟仿真工具栏、虚拟工具坐标状态显示区、虚拟仿真显示区和操作信息及日志显示区等基本部分组成，如图 3-2-1 所示。

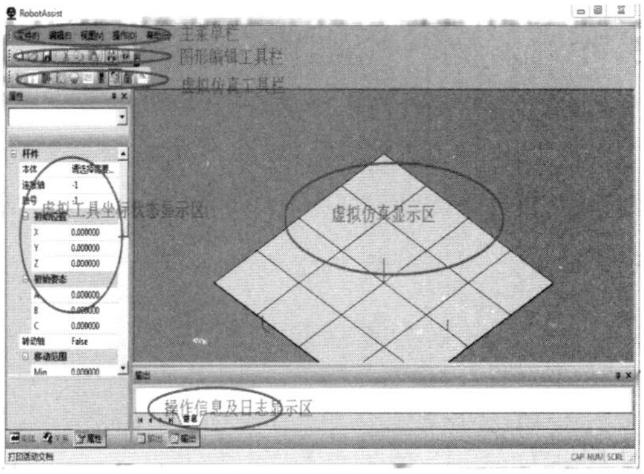

图 3-2-1

2. 软件界面基本操作

(1) 文件输出与保存

文件保存与打包如图 3-2-2 及图 3-2-3 所示。

图 3-2-2

图 3-2-3

Robot Assist 软件的基本操作(上)

1 单击工具栏“输出文件”图标。

2 输入文件名→单击“保存”按钮完成文件输出。

Robot Assist 软件的基本操作(下)

在对应的文件夹中可以看到生成的应用程序,如图 3-2-4 所示。

图 3-2-4

注意:保存文件时,文件名不能用中文或者特殊符号,否则会使机器无法识别。

(2) 默认 RobotAssist 显示界面的操作

默认 RobotAssist 显示界面如图 3-2-5 所示。

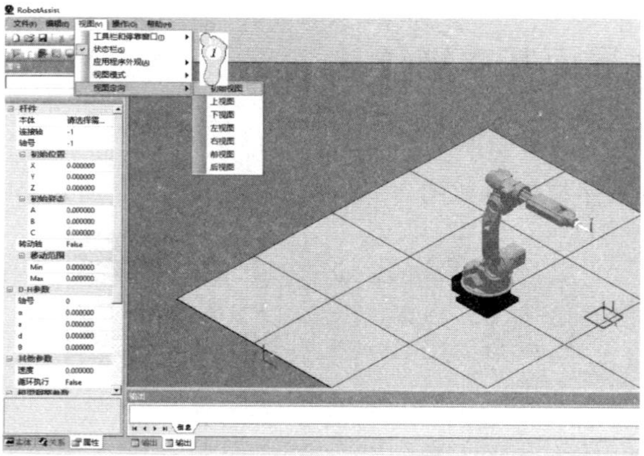

单击“视图”选项卡,然后单击“视图定向”中的“初始视图”。

图 3-2-5

(3) 业机器人的工作区域设置

显示工业机器人工作区域的操作步骤如图 3-2-6 及图 3-2-7 所示。

单击“参数设置”图标。

图 3-2-6

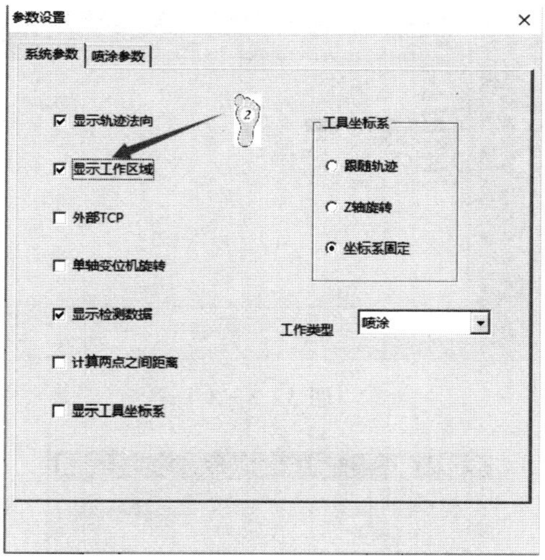

图 3-2-7

Robot Assist 系统参数的设置

勾选“显示工作区域”选项。

任务 3　几何体模型及工具的导入操作

1. 机器人模型导入

RobotAssist 软件显示操作窗口导入模型有两种操作方式。方式一如图 3-3-1 所示，方式二如图 3-3-2 所示。

图 3-3-1

在菜单栏选择“操作”下拉菜单→导入模型。

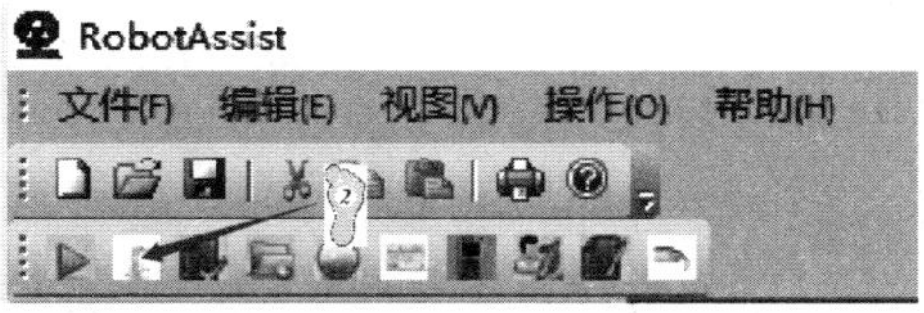

图 3-3-2

在工具栏单击“模型”导入图标。

两种方式的操作步骤相同，如图 3-3-3 至图 3-3-5 所示。

选择机器人本体模型。

单击“打开”按钮。

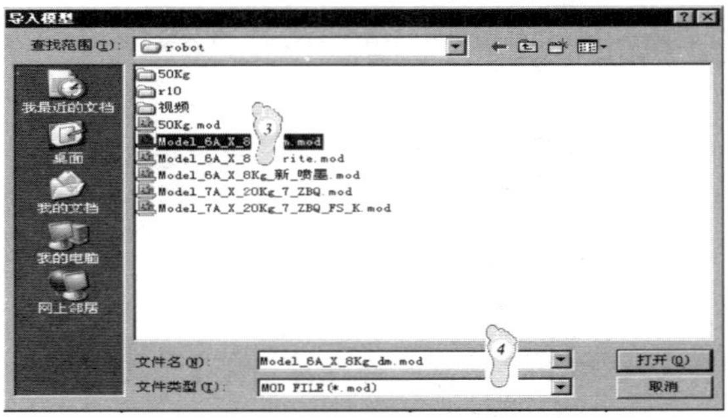

图 3-3-3

单击“是”按钮，完成工业机器人本体的导入。

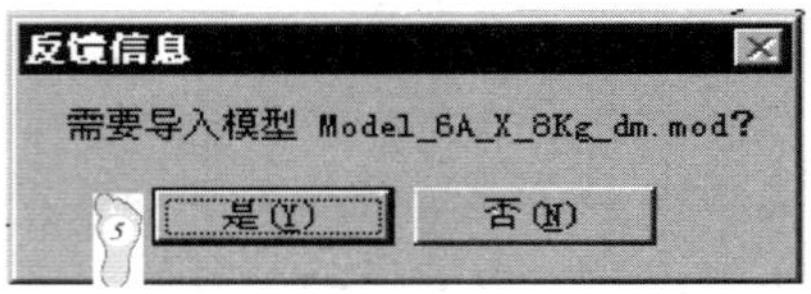

图 3-3-4

Robot Assist 模型的导入

图 3-3-5

注意：模型的选装与摆放是通过外部软件实现的：比如，通过打开 Mastercam 软件，导入或绘制的 3D 图形。

2. 机器人工具的加载

(1) 工具加载

系统库文件工具加载，选择已建好的工具直接加载即可，如图 3-3-6 所示。

在加载时应注意调整图形原点位置，使安装基准点与图形原点重合，并且应保证现安装位姿与实际安装位姿保持一致，如图 3-3-7 所示。

(2) 创建机器人工具

用第三方建模软件进行工具建模，由于不同软件对图形识别的能力不一样，模型加载文件需为 STL 格式文件才能正常加载，如图 3－3－8 所示。

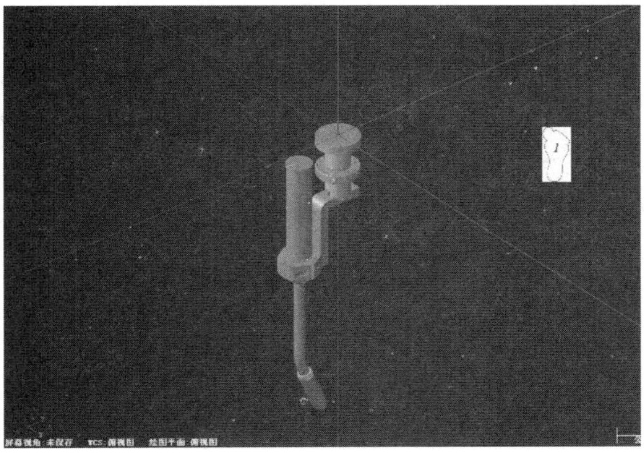

图 3－3－6

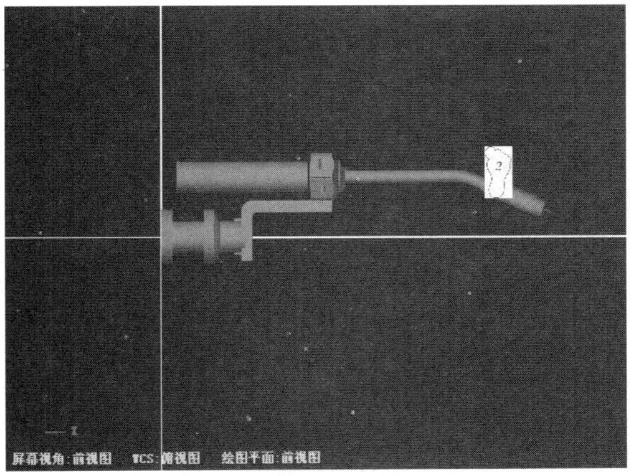

图 3－3－7

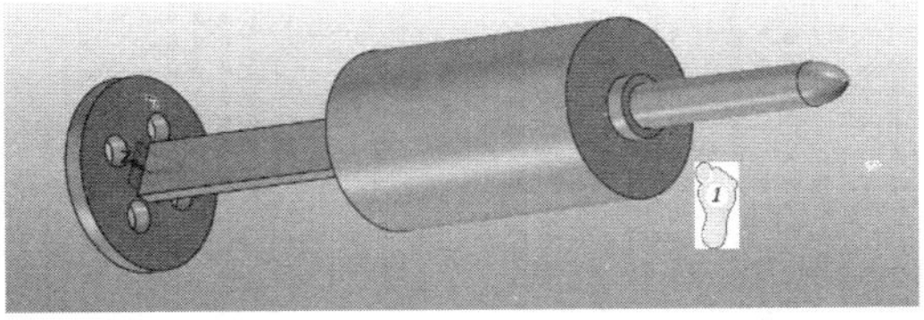

图 3－3－8

注意：调整图形原点位置，使安装基准点与图形原点重合，并且保证现安装位姿与实际安装位姿保持一致，即模型在原点位置状态与机器人初始状态一致，也就是 ZY 平面。输入文件名后，保存类型选择（＊STL）格式，选择完成后先不要确定，接着单击“选项”进入设置窗口，如图 3－3－9 所示。

1 机器人工具加载与机器人模型导入步骤相同。

2 模型在原点位置状态要与机器人初始状态一致。

1 外部设备模型生成，可通过 SolidWorks、Pro/E、Mastercam 等 3D 软件生成。

(3) 模型加载

模型加载是一次性加载完成的,加载过程如下:

1) 模型装配

模型加载是把外部模型加载到机器人本体模型中,主要是把模型相关参数写到机器模型里。把要加载的模型(刚刚生成的 HQ. STL 文件)复制到 Robot 安装包,选择要加载的机器本体模型,如图 3-3-10 所示。Robot 安装包下面,所有这种格式的文件都是机器模型,根据实际使用。

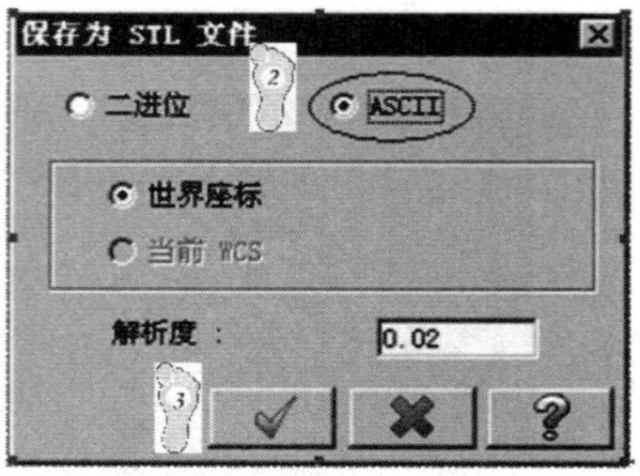

图 3-3-9

选择窗口中的"ASCII"选项。

单击"√"按钮,退出保存命令完成模型生成,在对应的文件夹中可以看到刚刚生成的 STL 模型。

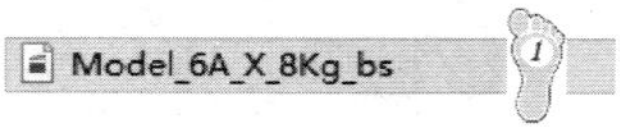

图 3-3-10

选择要加载的机器本体模型。

选择好模型文件,用记事本打开会看到如图 3-3-11 及图 3-3-12 所示的数据。

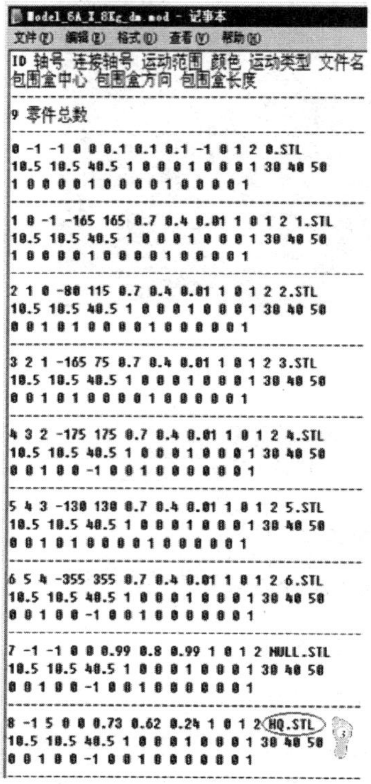

```
Model_6A_X_8Kg_dm.mod - 记事本
文件(F) 编辑(E) 格式(O) 查看(V) 帮助(H)
ID 轴号 连接轴号 运动范围 颜色 运动类型 文件名
包围盒中心 包围盒方向 包围盒长度
----------------------------------------
9 零件总数
----------------------------------------
0 -1 -1 0 0 0.1 0.1 0.1 -1 0 1 2 0.STL
10.5 10.5 40.5 1 0 0 0 1 0 0 0 1 30 40 50
1 0 0 0 0 1 0 0 0 0 1 0 0 0 0 1
----------------------------------------
1 0 -1 -165 165 0.7 0.4 0.01 1 0 1 2 1.STL
10.5 10.5 40.5 1 0 0 0 1 0 0 0 1 30 40 50
1 0 0 0 0 1 0 0 0 0 1 0 0 0 0 1
----------------------------------------
2 1 0 -80 115 0.7 0.4 0.01 1 0 1 2 2.STL
10.5 10.5 40.5 1 0 0 0 1 0 0 0 1 30 40 50
0 0 1 0 1 0 0 0 0 1 0 0 0 0 0 1
----------------------------------------
3 2 1 -165 75 0.7 0.4 0.01 1 0 1 2 3.STL
10.5 10.5 40.5 1 0 0 0 1 0 0 0 1 30 40 50
0 0 1 0 1 0 0 0 0 1 0 0 0 0 0 1
----------------------------------------
4 3 2 -175 175 0.7 0.4 0.01 1 0 1 2 4.STL
10.5 10.5 40.5 1 0 0 0 1 0 0 0 1 30 40 50
0 0 1 0 0 -1 0 0 1 0 0 0 0 0 0 1
----------------------------------------
5 4 3 -130 130 0.7 0.4 0.01 1 0 1 2 5.STL
10.5 10.5 40.5 1 0 0 0 1 0 0 0 1 30 40 50
0 0 1 0 1 0 0 0 0 1 0 0 0 0 0 1
----------------------------------------
6 5 4 -355 355 0.7 0.4 0.01 1 0 1 2 6.STL
10.5 10.5 40.5 1 0 0 0 1 0 0 0 1 30 40 50
0 0 1 0 0 -1 0 0 1 0 0 0 0 0 0 1
----------------------------------------
7 -1 -1 0 0 0.99 0.8 0.99 1 0 1 2 NULL.STL
10.5 10.5 40.5 1 0 0 0 1 0 0 0 1 30 40 50
0 0 1 0 0 -1 0 0 1 0 0 0 0 0 0 1
----------------------------------------
8 -1 5 0 0 0.73 0.62 0.24 1 0 1 2 HQ.STL
10.5 10.5 40.5 1 0 0 0 1 0 0 0 1 30 40 50
0 0 1 0 0 -1 0 0 1 0 0 0 0 0 0 1
----------------------------------------
```

图 3-3-11

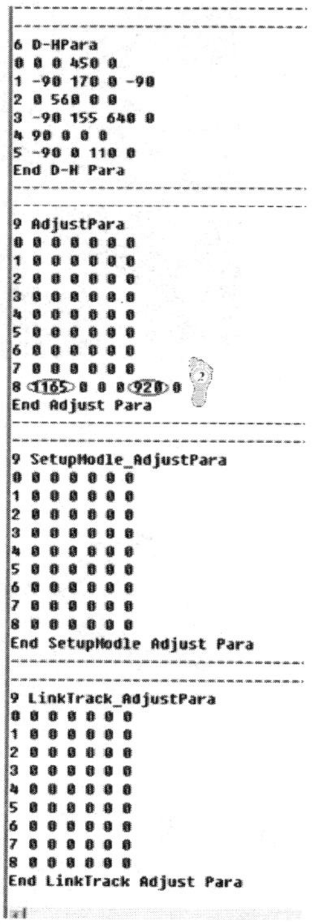

```
----------------------------------------
----------------------------------------
6 D-HPara
0 0 0 450 0
1 -90 170 0 -90
2 0 560 0 0
3 -90 155 640 0
4 90 0 0 0
5 -90 0 110 0
End D-H Para
----------------------------------------
----------------------------------------
9 AdjustPara
0 0 0 0 0 0 0
1 0 0 0 0 0 0
2 0 0 0 0 0 0
3 0 0 0 0 0 0
4 0 0 0 0 0 0
5 0 0 0 0 0 0
6 0 0 0 0 0 0
7 0 0 0 0 0 0
8 1165 0 0 0 920 0
End Adjust Para
----------------------------------------
----------------------------------------
9 SetupModle_AdjustPara
0 0 0 0 0 0 0
1 0 0 0 0 0 0
2 0 0 0 0 0 0
3 0 0 0 0 0 0
4 0 0 0 0 0 0
5 0 0 0 0 0 0
6 0 0 0 0 0 0
7 0 0 0 0 0 0
8 0 0 0 0 0 0
End SetupModle Adjust Para
----------------------------------------
----------------------------------------
9 LinkTrack_AdjustPara
0 0 0 0 0 0 0
1 0 0 0 0 0 0
2 0 0 0 0 0 0
3 0 0 0 0 0 0
4 0 0 0 0 0 0
5 0 0 0 0 0 0
6 0 0 0 0 0 0
7 0 0 0 0 0 0
8 0 0 0 0 0 0
End LinkTrack Adjust Para
```

图 3-3-12

把法兰中心的世界坐标值,按工具坐标系输入到此。

把要加载的工具模型文件名输入到此位置。

Robot Assist 模型的生成

把模型数据输入到相应位置,保存后退出记事本即可,加载其他模型的方法类同。

2）导入模型

RobotAssist 导入工业机器人本体有两种方式。方式一如图 3－3－13 所示，方式二如图 3－3－14 所示。

图 3－3－13

在菜单栏选择<操作>下拉菜单→导入模型。

图 3－3－14

在工具栏中单击“模型导入”图标。

两种方式的操作步骤相同，如图 3－3－15～图 3－3－17 所示。

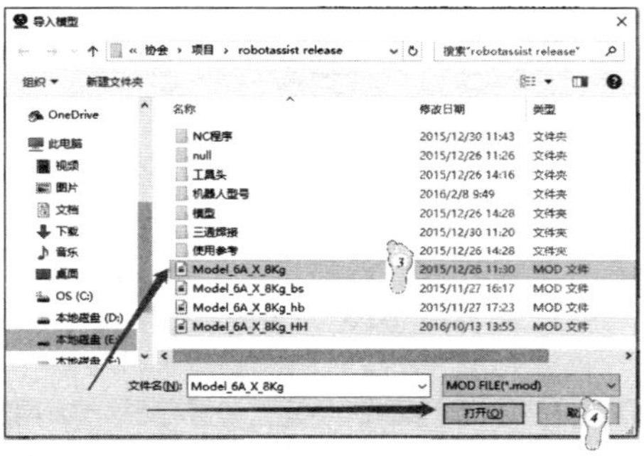

图 3－3－15

选择机器人本体模型。

单击“打开”按钮。

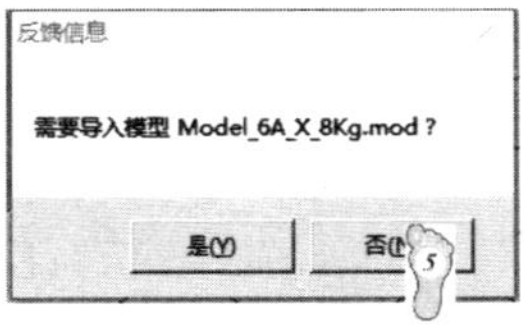

图 3－3－16

单击“是”按钮，完成工业机器人本体的导入。

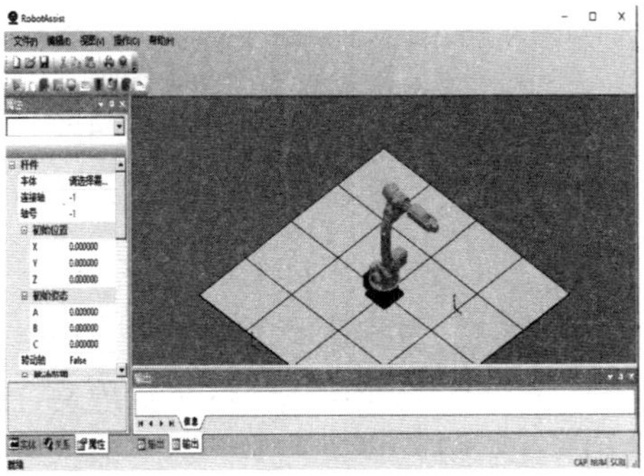

图 3－3－17

Robot Assist 轨迹的生成

1 可通过 Pro/E、Mastercam 等软件生成轨迹。

2 用户坐标系参考基准为机器人零点，通过机器人获取用户坐标系的方式，可以获取相应的用户坐标系值。之后，如果更换工具，用户坐标位置不会发生变化，可以不重新获取。

任务 4　RobotAssist 系统中 TCP、WCP 的建立

1. 用户坐标系设置

首先，必须要导入轨迹后才能在 RobotAssist 中设置用户坐标系。

将鼠标移到轨迹上，轨迹变为红色，表示轨迹已被选中，右击鼠标，在弹出的菜单中选择“设置用户坐标系”（见图 3－4－1），弹出“设置工件坐标系”对话框（见图 3－4－2）。

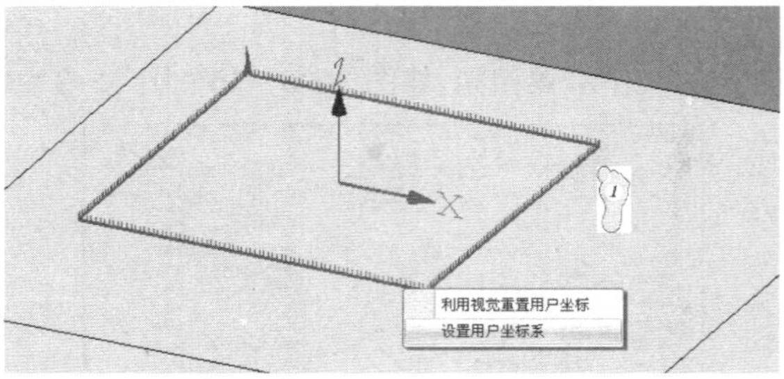

图 3－4－1

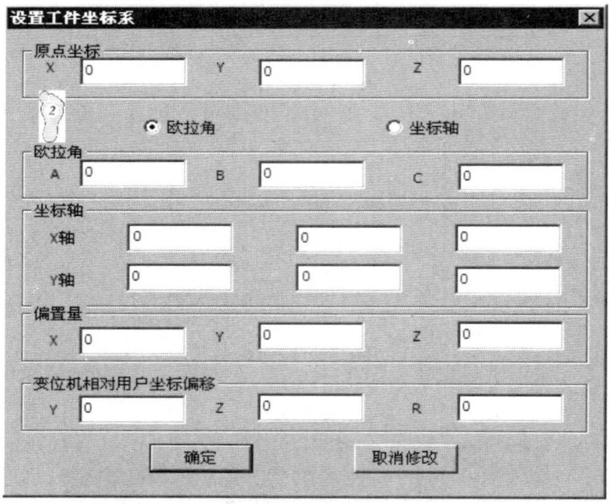

图 3－4－2

2. 工具坐标设置

进入工具坐标系设置窗口有两种方法。方法一如图 3－4－3 所示，方法二如图 3－4－4 所示。

图 3－4－3

图 3－4－4

“工具设置”窗口如图 3－4－5 所示，在这里提供两种工具坐标系设置方式：欧拉角及方向矢量（方向矢量设置模式暂时没有开放）。

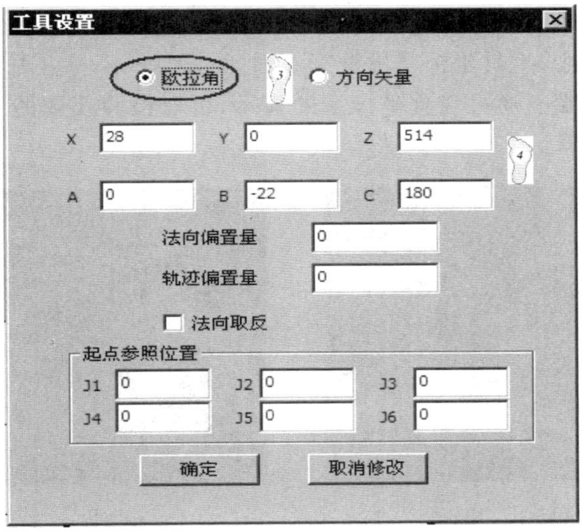

图 3－4－5

a. 法向偏置量：这个参数是一个补偿量，是对工具长度进行补偿，在实际应用中，如果工具出行损耗需要补偿，可以通过调整这个参数进行数据补偿。

b. 轨迹偏置量（该功能暂时没有开放）。

c. 法向取反：该项是用于调整轨迹的法向，当轨迹的法向与工具的 Z＋向不一致时，可以通过该项调整轨迹的法向，但是必须在导入轨迹前设置，否则无效；如果已经导入轨迹，可以先设置完，再重新导入轨迹。图 3－4－6 及图 3－4－7 所示分别为正常法向及法向取反。

1 在菜单栏选择<操作>下拉菜单→单击“工具设置”选项。

2 单击工具栏“工具设置”图标。

3 单击“欧拉角”选项。

4 工具坐标系的值和欧拉角，可以通过机器人获取工具坐标系或者是测量值。

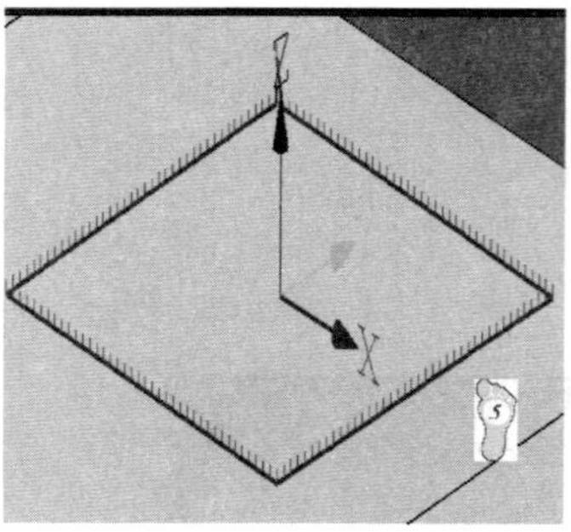

图 3-4-6

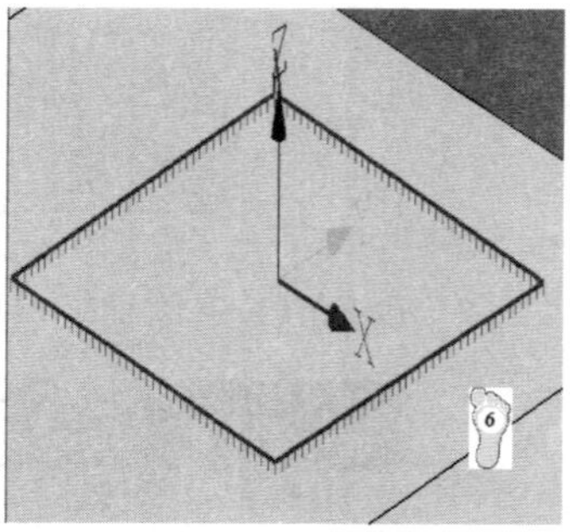

图 3-4-7

5 正常法向。

6 法向取反。

d. 起始参照位置：轨迹仿真过程中，有时会出现不能正常仿真轨迹的情况，此时可以调整各个关节起始点位置，让机器能够达到正常仿真状态。

如图 3-4-8 所示，工具坐标系设置前，原工具坐标系原点在法兰盘中心；工具坐标系设置完成后（见图 3-4-9），工具坐标系在工具末端。通过工具坐标系的显示，可以检验获取的工具坐标系是否正常。

图 3-4-8

图 3-4-9

7 工具坐标系设置前。

8 工具坐标系设置后。

思考实践

1 用第三方软件创建机器人工具模型，将其导入 RobotAssist 软件工作站中并设置工具坐标系。

2 用第三方软件创建运动轨迹，将其导入 RobotAssist 软件工作站中并设置用户坐标系。

项目4 机器人离线轨迹编程

学习目标

1. 掌握机器人离线轨迹编程软件工件、工具及模型的导入
2. 掌握机器人离线轨迹的导入、编辑
3. 掌握机器人离线轨迹的仿真
4. 掌握机器人离线轨迹的后处理

应知学习

1. 机器人本体、工具及轨迹的导入
2. 工具及工件坐标设置
3. 轨迹仿真及程序编辑
4. 程序文件的后处理

应会训练

1. 掌握 RobotAssist 几何体模型、工具及设备的导入
2. 掌握 RobotAssist 离线轨迹的导入
3. 掌握 RobotAssist 工具及工件坐标的设置
4. 掌握 RobotAssist 轨迹仿真及程序编辑
5. 掌握 RobotAssist 轨迹程序文件的后处理(命名及默认存放位置)

1. 机器人本体及工具、设备的导入

RobotAssist 需要 NC 轨迹文件(第三方软件生成)创建运动轨迹程序。首先选择机器人本体模型并导入系统,如图 4-1-1 所示。

单击“导入模型”图标。

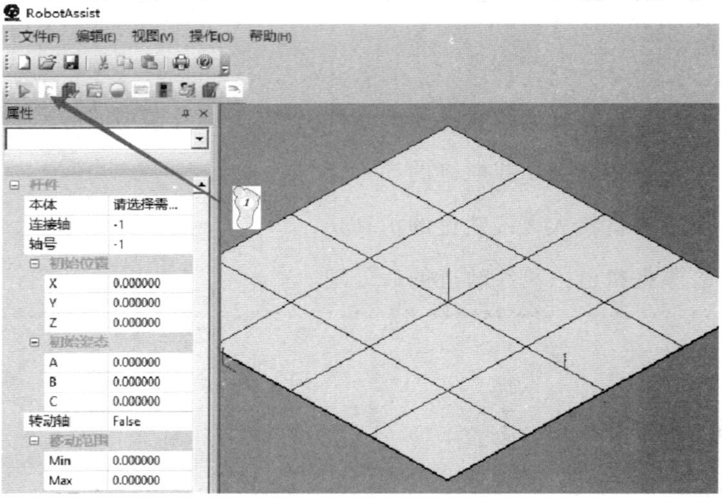

图 4-1-1

选择与生产对应的工业机器人本体,如图 4-1-2 及图 4-1-3 所示。

选择机器人本体模型。

单击“打开”按钮。

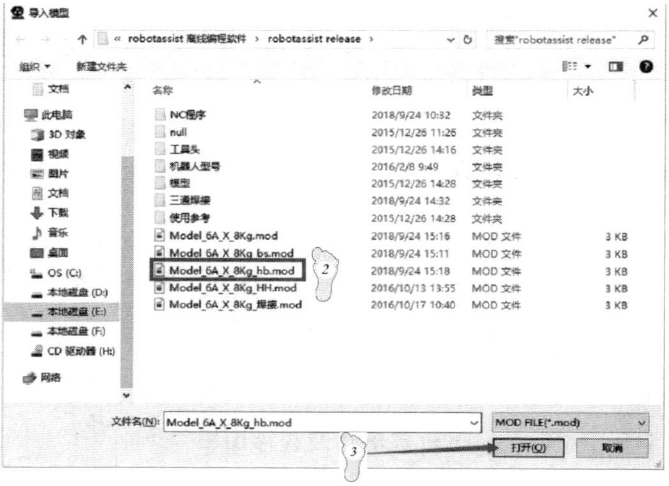

图 4-1-2

导入系统,并调整显示窗口,如图 4-1-4 所示。

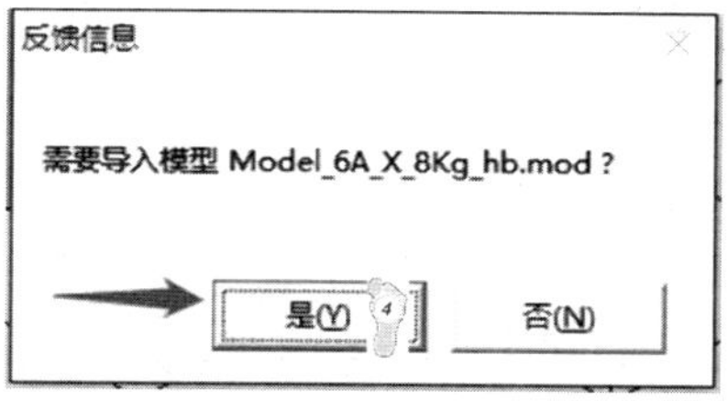

图 4-1-3

单击“是”按钮，完成工业机器人本体的导入。

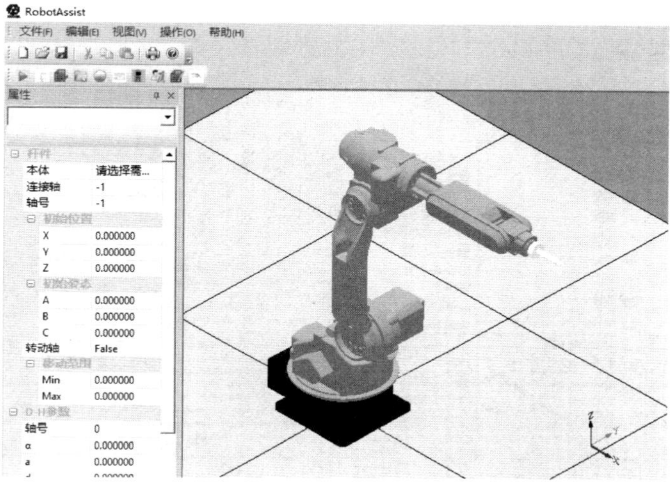

图 4-1-4

2. 导入轨迹

如图 4-1-5 及图 4-1-6 所示，导入准备好的轨迹。

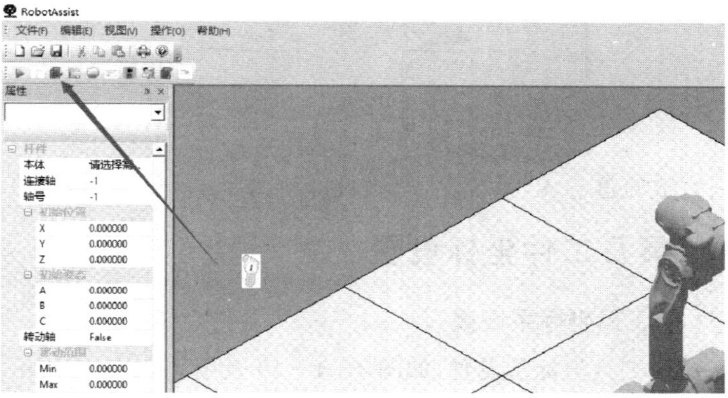

图 4-1-5

单击“导入轨迹”图标。

选择准备好的 NC 文件，切记一定要把 NC 轨迹文件放在 RobotAssist 系统默认目录文件夹中，如图 4-1-7 及图 4-1-8 所示。

单击“否”按钮。

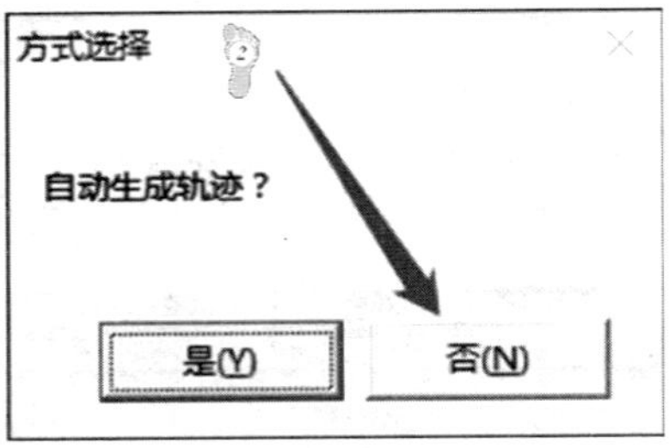

图 4-1-6

选中 YY. NC 文件。

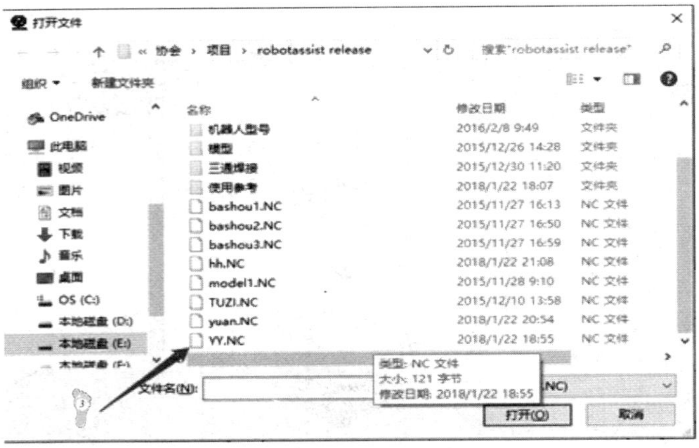

图 4-1-7

把离散长度设置为“0”。

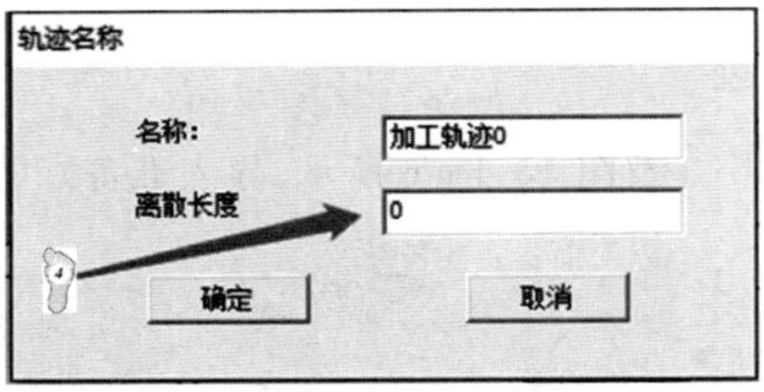

图 4-1-8

Robot Assist 轨迹的导入与仿真

完成轨迹导入，系统显示出轨迹图，如图 4-1-9 所示。

3. 工具及工件坐标设置

(1) 工具坐标系设置

显示工具坐标系设置，如图 4-1-10 及图 4-1-11 所示。

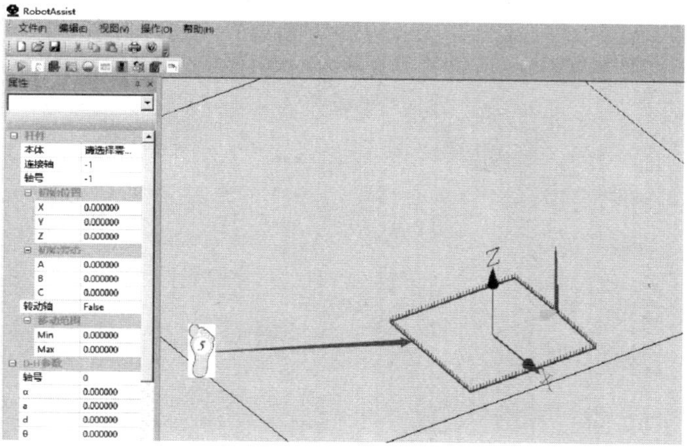

图 4-1-9

5 示例加工轨迹。

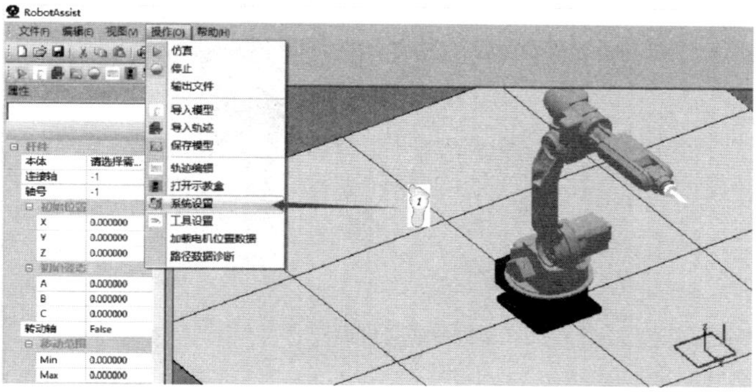

图 4-1-10

1 单击工具栏的“操作”选项卡，选择“系统设置”选项。

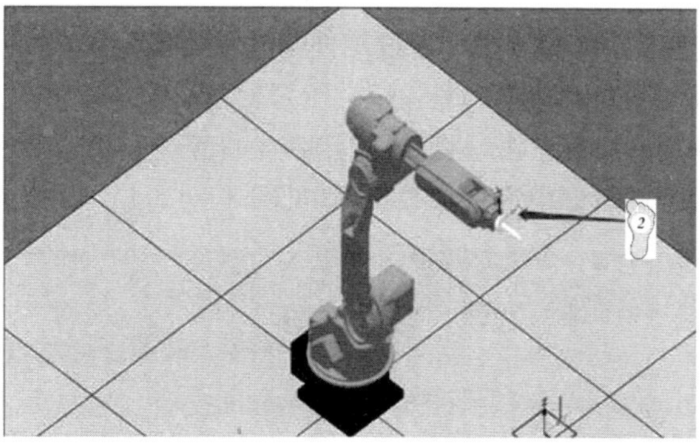

图 4-1-11

2 工具坐标初始状态。

然后根据工具坐标的实际位置设置工具坐标系位置，这里的数据是通过 TCP 点测量获得的，因此务必与工业机器人工具的 TCP 点位置对应，其设置如图 4-1-12 所示。

单击“工具设置”图标。

把Z轴的参数更改为“150”。

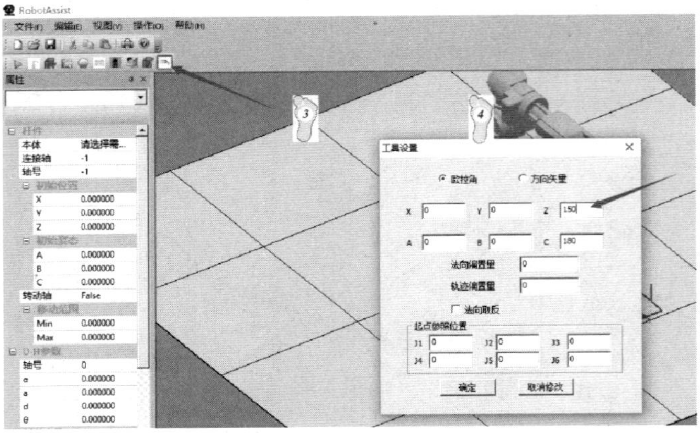

图 4-1-12

“工件坐标系设置”窗口如图 4-1-13 所示。

工具坐标设置完成。

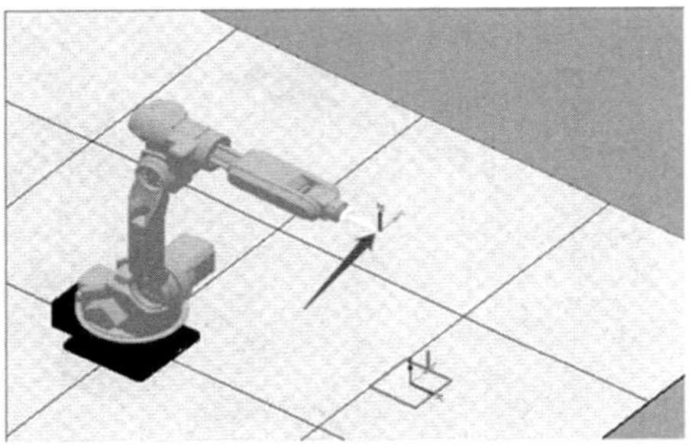

图 4-1-13

(2) 工件坐标系(用户坐标)设置

轨迹坐标原点的位置可通过工件坐标系的测量获得，务必与工业机器人工作台上实际的工件坐标系位置对应，其选择如图 4-1-14 所示，激活轨迹线后右击选择“设置用户坐标系”选项，在弹出的“设置工件坐标系”对话框中进行参数设置(见图 4-1-15)。

选中“设置用户坐标系”选项。

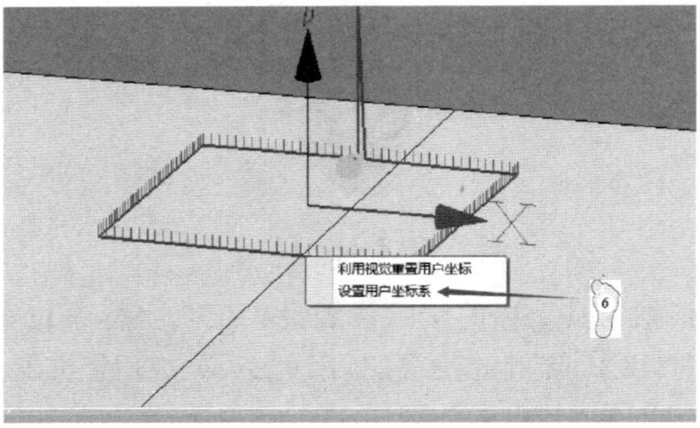

图 4-1-14

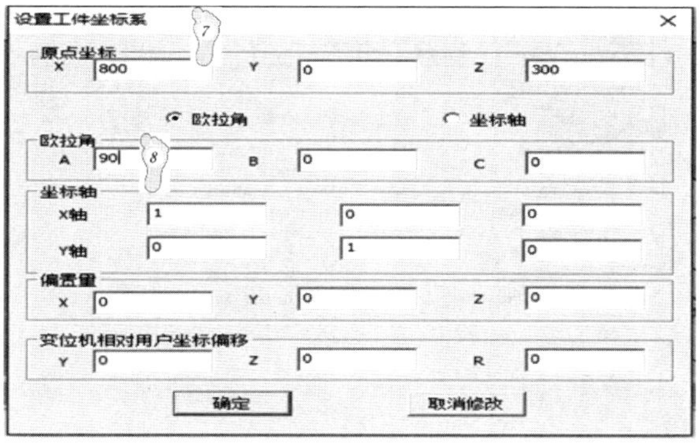

图 4-1-15

7 设置工件坐标与实际工件坐标系相符。

8 把“欧拉角”参数更改为 90。

Robot 轨迹的导入及仿真

4. 轨迹仿真及程序编辑

完成工具、工件坐标系设置后即可对轨迹仿真，在仿真过程中监视其工作状态，如果轨迹完成过程中出现问题，如出现干涉或奇异点、死点等情况，可随时编辑程序，其操作如图 4-1-16 所示。

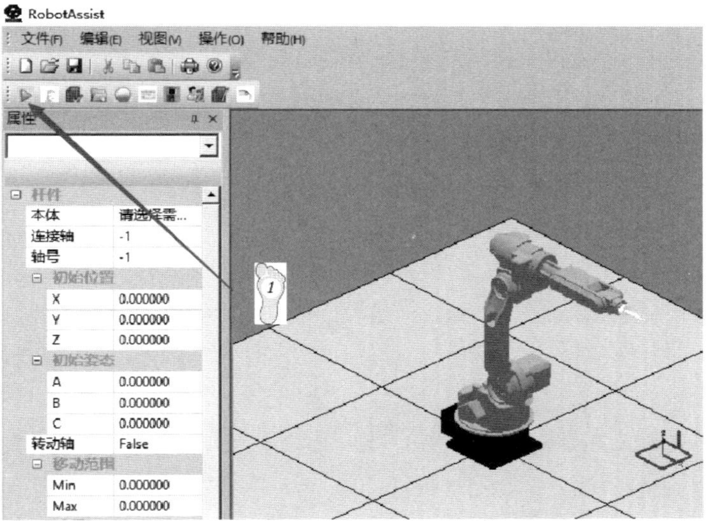

图 4-1-16

1 单击“播放”按钮进行轨迹仿真。

5. 输出机器人后处理程序

单击 RobotAssist 主界面中“输出后处理文件”，完成后处理文件的命名和保存，其操作如图 4-1-17 所示。

必须存放在 robotassist release 根目录文件夹里，选择其他地方无效。

Robot Assist 利用 UG 软件生成写字轨迹

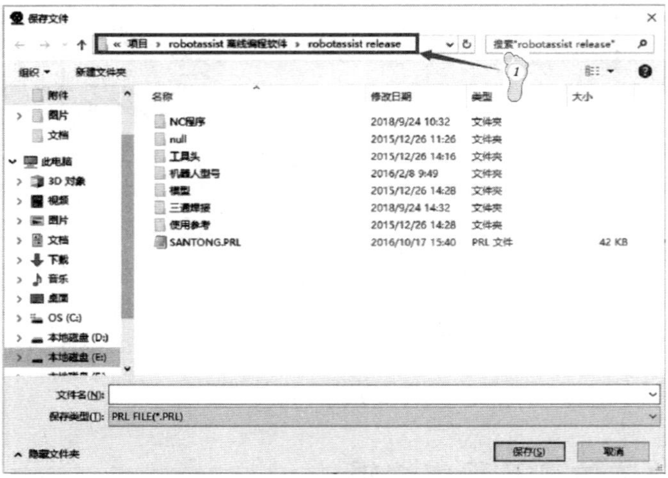

图 4-1-17

思考实践

请使用 RobotAssist 软件进行轨迹（三角形、圆形）编程及仿真，并进行程序文件的后处理，再输出后处理文件。

项目5　GSK－RB08系统操作与编程

学习目标

1. GSK机器人基本操作
2. GSK机器人基本操作与TCP、WCP设置
3. GSK机器人轨迹编程与操作
4. GSK机器人事件日志与程序编辑错误报警

应知学习

1. GSK机器人示教器的认知与设置
2. GSK机器人程序管理与指令编辑
3. GSK机器人TCP设置与操作技巧
4. GSK机器人程序的建立及示教编程
5. GSK机器人事件日志和日志管理

应会训练

1. 掌握GSK机器人示教器的操作
2. 掌握GSK机器人TCP的设置
3. 掌握对GSK机器人的示教编程
4. 掌握GSK机器人报警的排除

任务1 GSK 机器人基本操作

1. GSK 机器人组成

机器人本体、控制柜和示教盒三部分通过缆线连接而成(见图 5-1-1)。

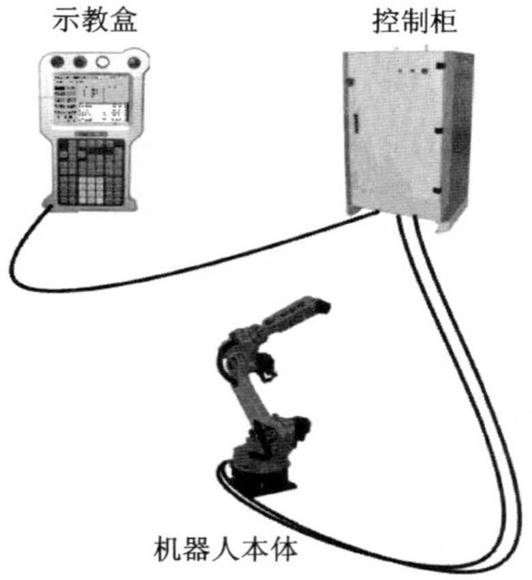

图 5-1-1

控制柜(见图 5-1-2)的正面左侧装有主电源开关和门锁,右上角有电源开、电源关和急停键,电源关按键下方的挂钩用来悬挂示教盒。

图 5-1-2

需要说明的是,控制柜上的急停键和示教盒上的急停键是有区别的。按下控制柜上的急停键,伺服电源被切断;按下示教盒上的急停键,只是暂停机器人运动,并未切断伺服电源。

2. GSK机器人示教器的认知与设置

示教盒为用户提供了友好可靠的人机接口界面，可以对机器人进行示教操作，对程序文件进行编辑、管理、示教检查及再现运行，监控坐标值、变量和输入输出，实现系统设置、参数设置和机器设置，及时显示报警信息及必要的操作提示等。

(1) 示教盒的外观

示教盒分为按键和显示屏两部分。按键包括对机器人进行示教编程所需的所有操作键和按钮，示教盒的外观如图5－1－3所示。

图5－1－3

(2) 按键操作

在本说明书中，示教盒上的所有按键用[ ]表示，示教盒画面中显示的菜单用{ }表示。例如：键用[选择]来表示；菜单用{菜单}来表示。

按键的具体功能如表5－1－1所列。同时按两个键时，如同时按[转换]键和[翻页]键时，用[转换]＋[翻页]键表示。

表5－1－1　示教盒按键功能

[急停]键 	按下此键，机器人停止运行，屏幕上显示急停提示信息按下控制柜上的急停键时，机器人停止运行，电机电源被切断按下示教盒上的急停键时，机器人停止运行，电机电源未切断松开控制柜上的急停键时，电机电源恢复，需手动按[清除]除报警信息，系统恢复正常状态松开示教盒上的急停键时，需手动按[清除]清除报警信息，系统恢复正常状态
[暂停]键 	再现运行程序时，按下该键，机器人暂停运行程序
[启动]键 	再现模式下，伺服就绪后，按下此键开始运行程序
[模式选择]键 	选择示教模式、再现模式和远程模式 示教：示教模式，可用示教盒进行轴操作和编程操作 再现：再现模式，可对示教好的文件进行再现运行 远程：远程模式，可对示教好的主程序文件进行远程控制运行 模式切换时，使能断开，系统处于停止状态

续表 5-1-1

[使能开关]键 	使能开关主要用于开、关使能示教机器人前，必须先将三位使能开关轻轻按下，再按轴操作键或前进/后退键，机器人才能运动，一旦松开或用力按，断开使能，机器人立即停止运动。
[F1]键 	{主页面}界面快捷键 在{程序}界面、{编辑}界面、{显示}界面、{工具}界面 按下[F1]键，系统切换到{主页面}界面
[F2]键 	{程序}界面快捷键 在{主页面}界面、{编辑}界面、{显示}界面、{工具}界面按下[F2]键，系统打开当前程序，并切换到{程序}界面，即可预览、再现运行程序
[F3]键 	{编辑}界面快捷键在{主页面}界面、{程序}界面、{显示}界面、{工具}界面按下[F3]键，系统打开当前程序，并切换到{编辑}界面，即可预览、编辑程序 只有在示教模式下才可切换到编辑界面
[F4]键 	{编辑}界面快捷键 在{主页面}界面、{程序}界面、{编辑}界面、{工具}界面按下[F4]键，系统切换到{显示}界面
方向键 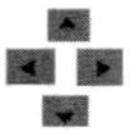	方向键用来改变光标焦点，实现遍历菜单、按钮等功能，常与[选择]键配合，选择菜单或者按钮，也可以改变数值的大小方向键大小根据画面的不同，光标的大小、可移动的范围和区域会有所不同，在程序界面和编辑界面： [转换]+[上方向]键，光标移动到程序首行 [转换]+[下方向]键，光标移动到程序末行 当光标位于文件列表或程序首行时，按[上方向]键，光标移动到末行 当光标位于文件列表或程序末行时，按[下方向]键，光标移动到首行
轴操作键 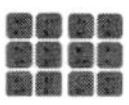	在示教模式下，轻轻按下使能开关，再按轴操作键，机器人各轴可在当前坐标系下按一定方式运动再现模式下，按此键不会响应
数值键 	主要用于数字字符的输入 共 12 个按键，数字键 0～9，小数点“.”，负号“－”
[选择]键 	该键能激活或者选择界面对象，如按钮、菜单、文件列表等 当[选择]按钮时，执行相应按钮对应的功能 当[选择]菜单时，进入相应菜单对应的窗口 在主界面的文件列表中[选择]文件时，则打开光标所在的文件

续表 5-1-1

[伺服准备]键 	要再现运行，需先选择再现模式再按下此键，然后按下[启动]按钮才能再现(要保证机器人在起始位置)；否则将不能进行再现运行 此键按下后，[伺服准备]上的灯会变成黄色
[取消]键 	[取消]键用于关闭退出当前页面，返回上一层页面或者主界面
[坐标设定]键 	按下此键可切换机器人的动作坐标系 此键每按一次，坐标系按以下顺序变化：关节→直角→工具→用户→关节；被选中的坐标系显示在系统状态区域
[获取示教点]键 	在编辑运动指令时，按[获取示教点]键可以获取示教点(机器人当前的位置) 在设置工具坐标三点法、工具坐标五点法、用户坐标三点法时，也通过[获取示教点]键来获取机器人当前的位置
[翻页]键 	按下此键可实现翻页功能 按下[翻页]键，可实现向下翻页的功能 按下[转换]+[翻页]键，可实现向上翻页的功能 翻页功能可用在文件列表、文件指令内容浏览、显示界面、变量、输入输出、伺服参数、焊机设置、报警信息等
[转换]键 	在特定界面与其他键配合使用与[翻页]键配合，[转换]+[翻页]，实现向上翻页的功能 预览程序时，[转换]+[上方向]键，实现跳转到首行的功能 预览程序时，[转换]+[下方向]键，实现跳转到末行的功能 在软键盘界面，该键用于切换大写字母、小写字母、符号字符 在指令编辑时，该键用于切换一些指令参数，如ON→OFF
[手动速度]键 	机器人运行速度的设定键，用于示教和再现两种方式速度的调节 手动速度有5个等级(微动、低速、中速、高速、超高速) 每按一次高速键，速度按以下顺序变化：微动→低速→中速→高速→超高速 每按一次低速键，速度按以下顺序变化：超高速→高速→中速→低速→微动 被设定的速度显示在系统状态区域
[单段连续]键 	示教模式下，可在“单段”“连续”两个动作循环模式之间切换；“单段”模式是指在进行前进、后退示教时，系统每运行一条指令就停止，只有当用户再次按[前进][后退]键时，系统才能运行下一条指令；连续模式是指在进行前进、后退示教时，系统连续运行程序指令，直到结束指令才会停止

续表 5-1-1

[TAB]键	按下此键，可在当前界面显示区域间切换光标界面通常通过几个矩形框进行划分，这些矩形相当一个区域，只有当某个区域中包含图形元素（如按钮、菜单、文件列表、文本显示框）时，光标才会切换到该区域；通常[TAB]键和四个方向键共同配合，用于移动光标，选择图形元素，以便使用系统功能
[清除]键	清除报警信息（伺服报警除外） 清除人机接口显示区的提示信息等
[外部轴切换]键	按下此键可切换机器人与外部轴的动作坐标系，每按一次，坐标系按以下顺序变化：外部轴→切换状态前的机器人坐标系，被选中的坐标系显示在系统状态区域
[输入]键	确认用户当前的输入内容 在软键盘界面，[输入]键用于确认当前软键盘输入的内容 在修改指令时，[输入]键用于确认当前指令修改的内容 在焊机设置时，[输入]键用于确认当前属性的输入值，其他界面类似
[添加]键	在程序编辑页面，按下此键，系统进入程序编辑的添加模式
[删除]键	此键用于程序文件、指令的删除等操作 在文件一览界面中，删除当前光标所在的文件 在编辑指令时，删除当前光标所选择区域的指令
[修改]键	在程序编辑页面，按下此键，系统进入程序编辑的修改模式
[复制]键	编辑的一般模式下，该键有复制指令的功能 首次按下该键，可选择要复制的区域，再次按下该键，可选择粘贴的位置，再次按下该键，则系统进行复制动作，完成复制功能
[剪切]键	编辑的一般模式下，该键有剪切指令的功能 首次按下该键，可选择要剪切的区域，再次按下该键，可选择粘贴的位置，再次按下该键，则系统进行剪切动作，完成剪切功能
[前进]键	按住[使能开关]和此键时，机器人按示教的程序点轨迹运行，非运动指令语句直接解释执行
[后退]键	按住[使能开关]和此键时，机器人按示教的程序点轨迹运行逆向运行

续表 5－1－1

[退格]键 	在编辑框/数字框中按下此键可删除字符
[应用]键 	此键为一个外部应用开关 [转换]＋[应用]，用于在焊接、喷涂时启动和关闭信号

(3) 示教盒画面显示

示教盒的显示屏主页面共分为 7 个显示区：快捷菜单区、系统状态显示区、导航条、主菜单区、时间显示区、文件列表区和人机对话显示区。其中接收光标焦点切换的只有快捷菜单区、主菜单区和文件列表区，通过按 [TAB]键在显示屏上相互切换光标，区域内可通过方向键切换光标焦点。显示屏主页面画面如图 5－1－4 所示。

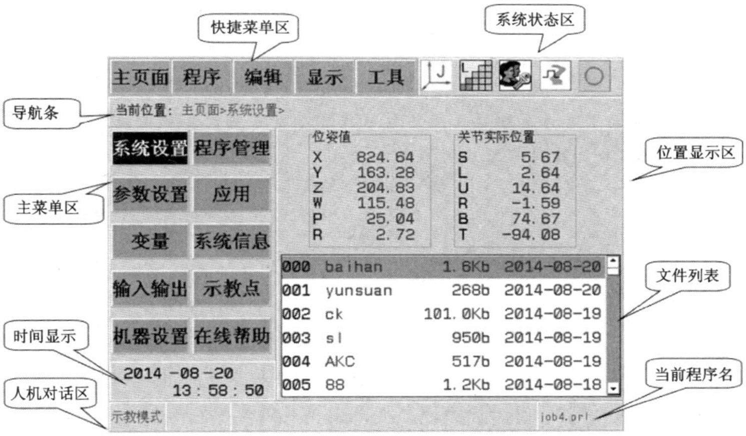

图 5－1－4

1）快捷菜单区

快捷菜单区的主页面、程序、编辑、显示和工具分别用于返回主页面、打开当前程序、编辑当前程序、显示运行状态以及图形显示工具，如图 5－1－5 所示。

图 5－1－5

快捷菜单区的菜单项分别用{主页面}{程序}{编辑}{显示}和{工具}表示。

当光标在快捷菜单区，按左右键可以依次循环切换光标，按[选择]键将进入相应的界面。

这五个界面之间，可以按快捷键 F1～F5 进行快速切换。其中，按[F1]键进入{主页面}界面，按[F2]键进入{程序}界面，按

[F3]键进入{编辑}界面,按[F4]键进入{显示}界面,按[F5]键进入{工具}界面。

2) {程序}界面

{程序}界面用于打开显示当前程序(当前程序名显示在人机对话区的最右边)。

按照如下三种操作可以打开当前程序:将光标移动到{程序}上,按[选择]键打开当前程序;在{主页面}界面、{编辑}界面、{显示}界面、{工具}界面,按 F2 快捷键;打开当前程序;在主页面使用[TAB]键和方向键将光标移动到文件列表区,选择要打开的程序,按[选择]键即可打开所选程序。被打开程序被设置为当前程序打开程序后,光标停留在{程序}处,如图 5-1-6 所示。

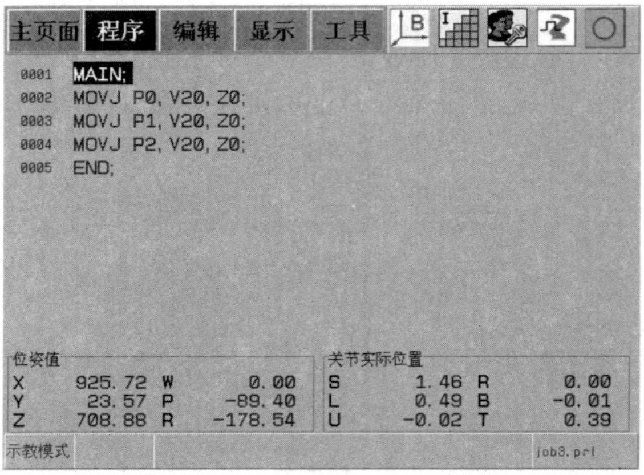

图 5-1-6

在{程序}界面,可以预览、单段、连续示教、再现运行程序。可通过[上方向]键、[下方向]键将光标移动上一行、下一行,通过[翻页]键可向下翻页,通过[转换]+[翻页]组合键可向上翻页,通过[转换]+ [上方向]键可将光标移动到程序首行,通过[转换]+[下方向]键可将光标移动到程序末行。这样的按键组合也可在{编辑}菜单界面中使用。

3) {编辑}界面

{编辑}界面只用于编辑当前程序。

示教模式下,按照如下两种操作可以进入{编辑}界面:将光标移动到{编辑}上,按[选择]键打开当前程序并编辑;在主页面、{程序}界面、{显示}界面、{工具}界面,按 F3 快捷键,打开当前程序并编辑。进入{编辑}界面后,光标停留在{编辑}菜单,如图 5-1-7 所示。

在{编辑}界面,可以对程序进行添加指令、删除指令、复制粘贴指令、剪切粘贴指令、修改指令参数、搜索指令等编辑操作。移

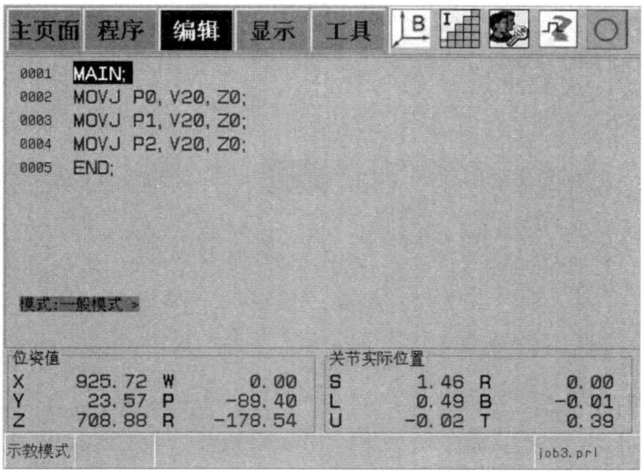

图 5 - 1 - 7

动光标方式与{程序}界面相同。{显示}界面用于查看与系统相关的运行状态。

按照如下两种操作可以进入{显示}界面：

将光标移动到{显示}界面上，按[选择]键可进入{显示}界面；在{主页面}界面、{程序}界面、{编辑}界面、{工具}界面，按 F4 快捷键即可进入{显示}界面。进入后光标停留在{显示}菜单，如图 5 - 1 - 8 所示。

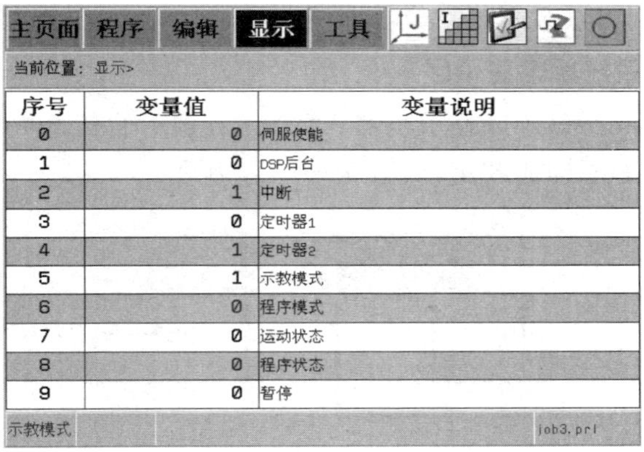

图 5 - 1 - 8

在{显示}界面，可以查看机器运行状态、总线状态等变量的信息。在该界面中，通过数值键输入变量序号，如 130(此时系统不显示用户输入的数值 130)，再按 [输入]键，则界面快速切换到变量序号为 130 的页面。此外，也可通过上下方向键，翻页键，转换键进行翻页浏览系统状态变量的值。

4) {工具}界面

该界面以曲线连续变化方式显示系统运行的状态。

按照如下两种操作可以进入{工具}界面：将光标移动到{工

具}界面上,按[选择]键可进入{显示}界面;在{主页面}界面、{程序}界面、{编辑}界面、{显示}界面,按 F5 快捷键即可。进入{工具}界面后,光标停留在{工具}菜单,如图 5-1-9 所示。

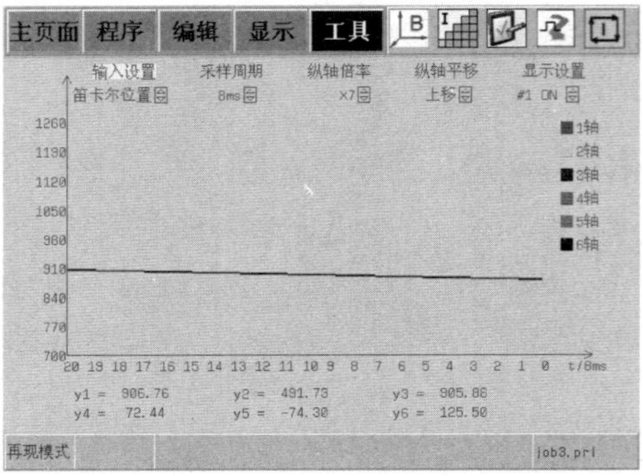

图 5-1-9

在该界面中,通过左右方向键可选择“输入设置”“采样周期”“纵轴倍率”“纵轴平移”“显示设置”等选项,通过上下方向键可对各个选项进行设置,显示的曲线可随着设置而变化。当设置“显示设置”时,通过上下方向键选择要显示的轴,如 #6OFF 表示当前没有第 6 轴对应的曲线,此时按[选择]键,可将 #6OFF 设置为 #6ON,此时界面显示出对应的曲线。

(4) 系统状态显示区

系统状态显示区显示机器人的状态,显示的信息根据机器人的当前状态不同而改变,如图 5-1-10 所示。

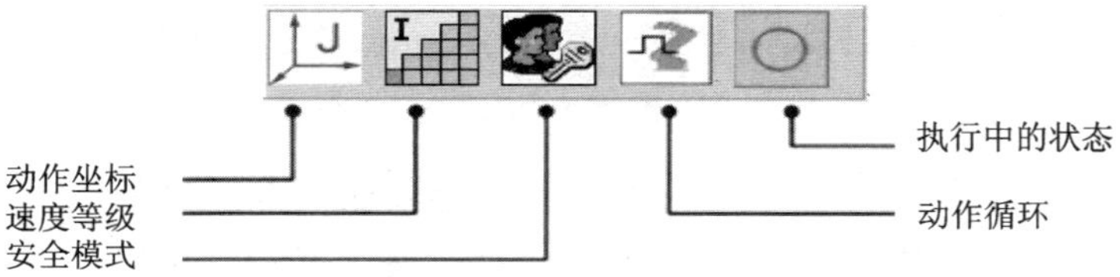

图 5-1-10

1) 动作坐标系

动作坐标系显示被选择的坐标系。有关节坐标系、直角坐标系、工具坐标系、用户坐标系和外部轴坐标系五种。通过按示教盒上的[坐标设定]键和[外部轴切换]键可依次切换。

每按一次[坐标设定]键机器人坐标系按以下变化:关节坐标系→直角坐标系→工具坐标系→用户坐标系。当按[外部轴切换]键,坐标系在外部轴坐标系与关节坐标、直角坐标系、工具坐标系、用户坐标之间切换。当系统设定外部轴轴数为 0 时,按[外部轴切换]键无效。不同图标的意义如下：

为关节坐标系；为直角坐标系；为工具坐标系；为用户坐标系；为外部轴坐标系。

2）手动速度

手动显示被选定的手动速度，有微动、低速、中速、高速和超高速五个速度等级。通过按示教盒上的[手动速度]键可手动增、减速度。

每按一次高速键，速度按以下顺序变化：微动→低速→中速→高速→超高速。

每按一次低速键，速度按以下顺序变化：超高速→高速→中速→低速→微动。不同图标的意义如下：

为微动（5％）；为低速（25％）；为中速（50％）；为高速（75％）；为超高速（100％）。

系统开机默认速度为微动等级，如需要进行更改系统开机速度等级，可在{系统设置}菜单下的{系统速度}界面进行修改。

3）安全模式

安全模式显示被选择的安全模式。

为操作模式，是面向生产线中进行机器人动作监视的操作者的模式，主要可进行机器人启动、停止、监视操作等。可进行生产线异常时的恢复作业等。

为编辑模式，是面向进行示教作业的操作者的模式，比操作模式可进行的作业有所增加，可进行机器人的缓慢动作、程序编辑、以及各种程序文件的编辑等。

为管理模式，是面向进行系统设定及维护的操作者的模式，比编辑模式可进行的作业有所增加，可进行部分参数设定、用户口令的修改等管理操作。

4）动作循环

动作循环显示当前的动作循环。为单步；为连续。

5）执行中的状态

执行中的状态显示当前状态（停止，暂停，急停，运行），在执行中会显示相应状态。

为停止中；为暂停中；为急停中；为运行中。

（5）主菜单区

主菜单区一共拥有10个子菜单，如图5－1－11所示。

在{主页面}界面，通过[TAB]键可将光标移动到主菜单区，配合方向键和[选择]键便可进入菜单对应界面，完成相应操作。当光标进入该区域时，光标的位置为上次离开该区域的位置。

(6) 文件列表区

文件列表区将显示所有系统存在的一些程序信息，包括程序名、程序大小、程序创建的日期，如图 5-1-12 所示。

图 5-1-11

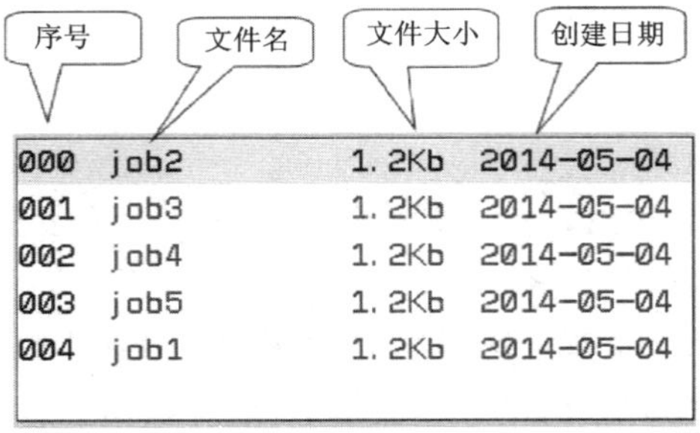

图 5-1-12

在{主页面}界面，通过[TAB]键可将光标移动到文件列表区，配合方向键、[翻页]键、[转换]键和[选择]键便可打开所选择的程序。

(7) 人机接口显示区

显示各种提示信息和报警信息等，如下图 5-1-13 所示。

图 5-1-13

(8) 软键盘

软键盘窗口主要用以输入程序名、变量注释、指令搜索关键字等，如图 5-1-14 所示。

软键盘可输入大写字母、小写字母、符号等三种字符，通过[转换]键进行切换。

数字字符可直接通过数值键进行输入。

图 5-1-14

通过方向键可移动光标。按下[选择]键可在光标处进行字符输入，并显示在"输入"框中。通过[退格]键，可删除"输入"框中的字符。按下[输入]键确认输入，将"输入"框所显示的字符作为本次输入的结果。按下[取消]键取消输入，即放弃"输入"框所显示的字符，并退出该软键盘窗口。

如要输字符串 Job123 作为文件名，步骤如图 5-1-15～

图 5-1-20 所示。

图 5-1-15

图 5-1-16

图 5-1-17

图 5-1-18

图 5-1-19

图 5-1-20

(9) 输入数值

在进行参数设置时，通常需要进行参数值的输入。首先通过数值键将需要的数值输入到编辑框，通过[退格]键可删除编辑框中所输入的值，最后通过[输入]键进行输入确认。

如要输入数值－1234.56，步骤如下：

a. 通过数值键输入负号，即 -0.00 。

b. 通过数值键输入 1234，即 -1234.00 。

c. 如此时输入 5，则系统会提示"输入格式 4.2"，表示只能输入 4 位整数和 2 位小数。此时已经输入 4 位整数值 1234，因此不能继续输入第 5 位整数。

d. 通过数值键输入小数点，即 -1234.00 。

e. 继续通过数值键输入 56，再按下[输入]键确认输入，即 -1234.56 。

(1) 在进入软键盘窗口后，按[转换]键切换到"大写"字符，通过方向键移动光标到字母 J 处。

(2) 按下[选择]键，将字母 J 输入。

(3) 在进入软键盘窗口后，按[转换]键切换到"小写"字符，通过方向键移动光标到字母 o 处。

(4) 按下[选择]键，将字母 o 输入。

(5) 按下数值键 1，将字符 1 输入。

(6) 类似的方式，继续将字符 2、3 进行输入。按[输入]键，完成 Job123 的输入。

f. 此时系统会判断该数值是否在合理的范围内，若所输入的值合理，则系统提示“完成输入”，若不合理，则系统提示输入范围。

h. 输入过程中，可通过[退格键]←删除最右边的数字。

i. 输入过程中，可通过[取消]键取消当前的输入。

3. GSK 机器人程序管理与指令编辑

本章所表述的是机器人在不运动的情况下进行的操作，包括程序管理和编辑。新建程序、复制程序、删除程序和重命名程序等操作只能在编辑模式和管理模式下进行。

程序命名规则采用的是 8.3 格式，即程序文件名称最大是 8 个字符，最小是 1 个字符，后缀名是 3 个字符。程序文件的后缀名称默认是 prl，无须用户输入，在创建程序文件时系统会自动添加。目前程序文件名仅由大小写字母、数字组成。

(1) 新建程序

按[TAB]键和左右方向键，将光标切换到{程序管理}菜单上如图 5-1-21 所示，新建程序的步骤如图 5-1-22～图 5-1-25 所示。

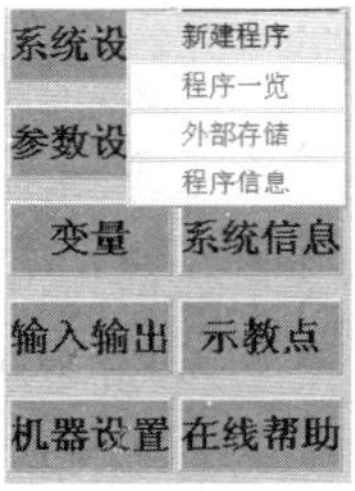

图 5-1-21

通过按上下方向键选择{新建程序}，按[选择]键进入新建程序界面。

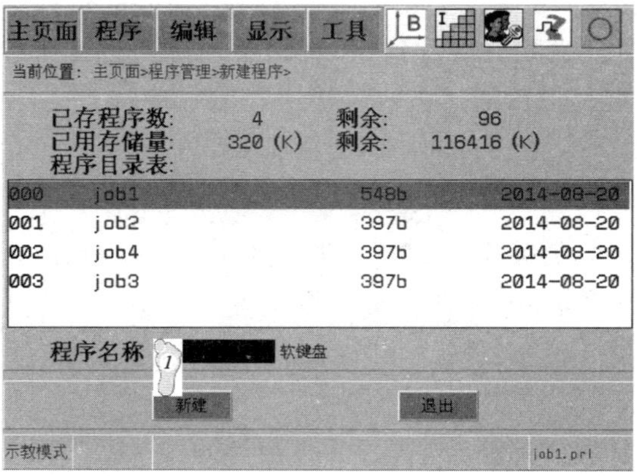

图 5-1-22

(2) 复制程序

复制程序文件就是对程序文件进行复制操作。复制后的程序文件和源程序文件内容相同,包括示教点和程序指令。

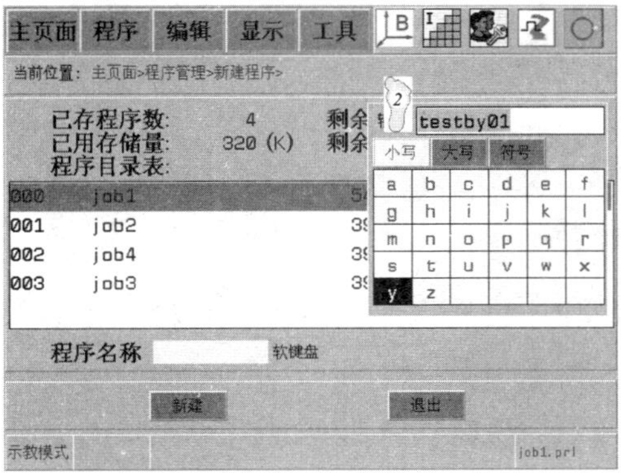

图 5-1-23

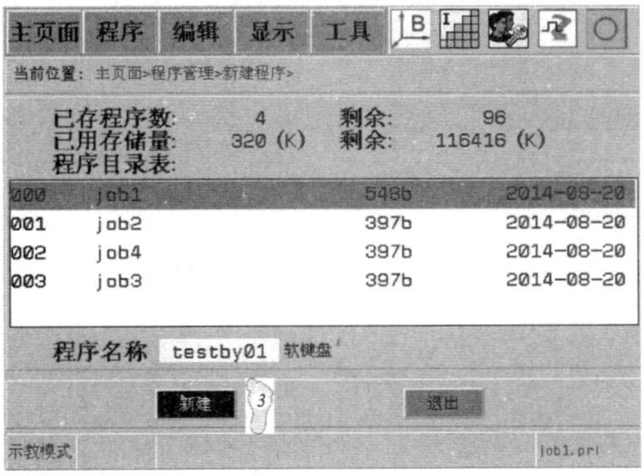

图 5-1-24

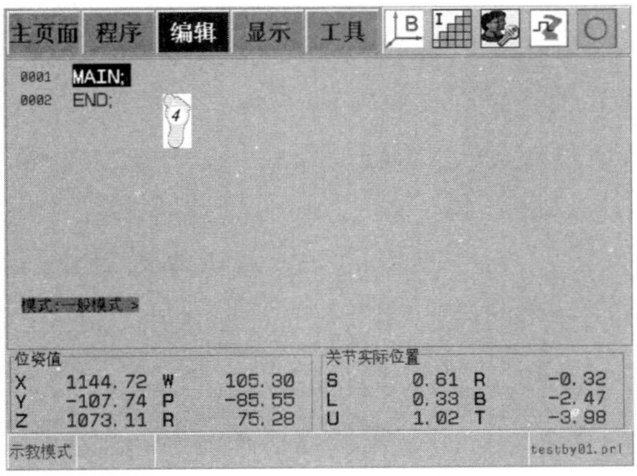

图 5-1-25

注意:文件名称输入完成后,按[输入]键退出{软键盘}界面。若发现输入不对时,[退格]键可以一次清除当前输入的程序名称。

2 进入新建程序界面后,按[TAB]键切换光标到程序名称输入框中,然后按下[选择]键,界面会弹出软键盘对话框界面。输入 testby01 字符串作为程序名称。

3 按[TAB]键切换光标到"新建"按钮上。再按[选择]键完成文件名称的新建,同时进入程序编辑页面。

注意:目前程序文件名仅由大小写字母、数字组成。

4 新建完成自动进入{编辑}界面,程序新建完成。

当需要备份比较重要的程序文件时，可以通过复制该程序文件加以保存，以免重要的程序文件由于误操作（如删除操作等）而导致无法恢复。其具体操作如图 5－1－26～图 5－1－29 所示。

1 按[TAB]键和左右方向键，将光标切换到{程序管理}菜单上，按[选择]键打开{程序一览}子菜单。

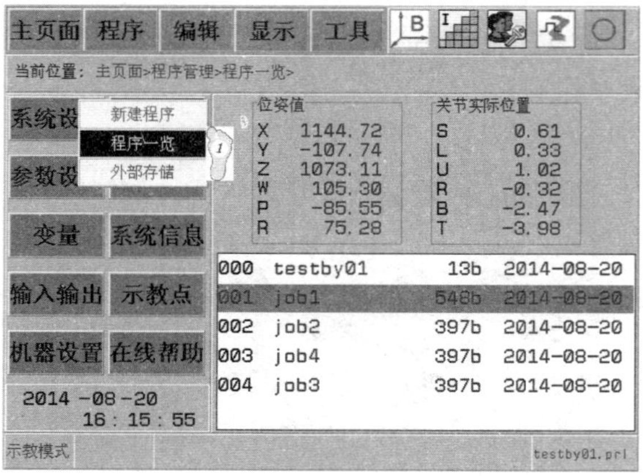

图 5－1－26

2 按上下方向键把光标移到要复制的程序文，如复制 testby01.prl 程序。

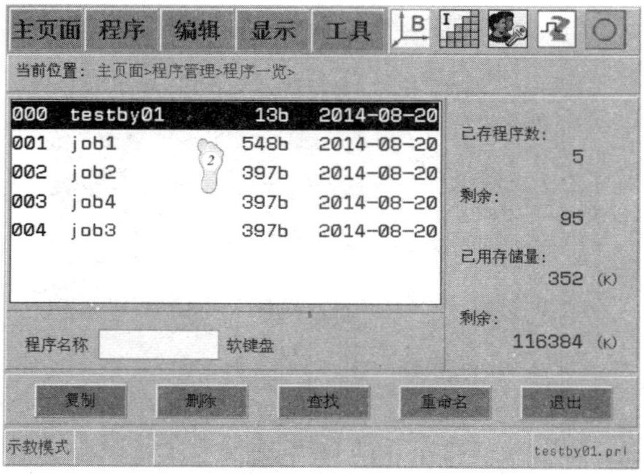

图 5－1－27

3 通过上下方向键选择要复制的程序，按[TAB]键切换光标到输入框区域，配合[选择]键进入软键盘输入页面输入新程序名称，如 testby02。

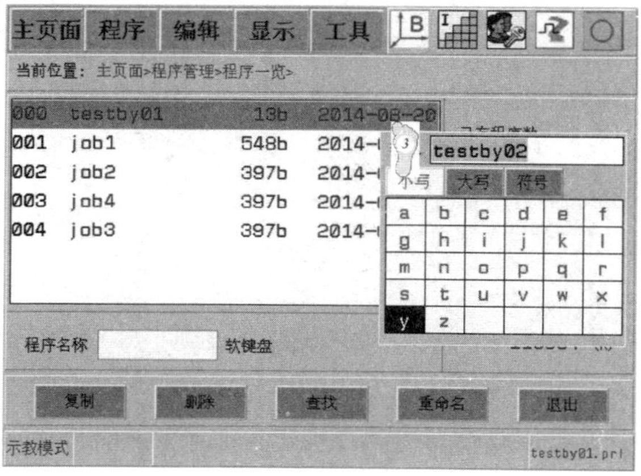

图 5－1－28

图 5－1－29

按[TAB]键切换光标到操作按钮区域配合左右方向键移动光标到“复制”按钮上，按[选择]键完成程序的复制操作。

(3) 删除程序

删除程序文件就是对程序文件进行删除操作。需要注意的是，程序文件删除后将不能恢复。因此，在对程序文件进行删除操作时务必要谨慎，以免误删。删除程序文件后，文件中的示教点也被删除。

如删除程序 testby01.prl 的操作步骤如图 5－1－30～图 5－1－33 所示。

图 5－1－30

按[TAB]键和左右方向键，将光标切换到{程序管理}菜单上，按[选择]键打开{程序一览}子菜单。

(4) 查找程序

查找程序文件就是对程序文件名进行查找操作，快速找到需要的程序文件。

按上下方向键把光标移到要删除的程序文，如删除 testby01.prl 程序。

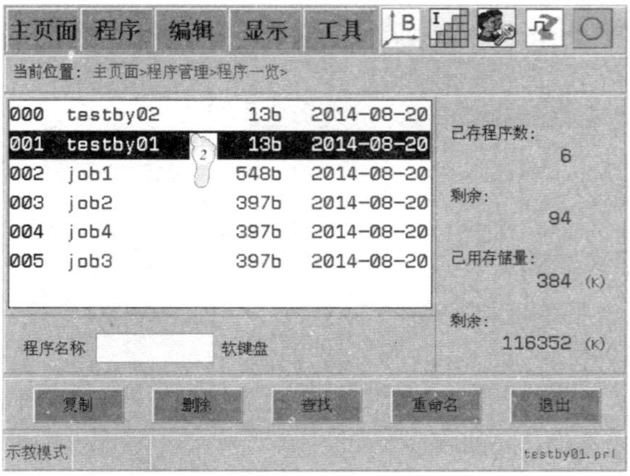

图 5-1-31

按下[删除]键，或者通过[TAB]键切换光标到"删除"按钮，再按下[选择]键，此时将弹出"确认删除文件"对话框。

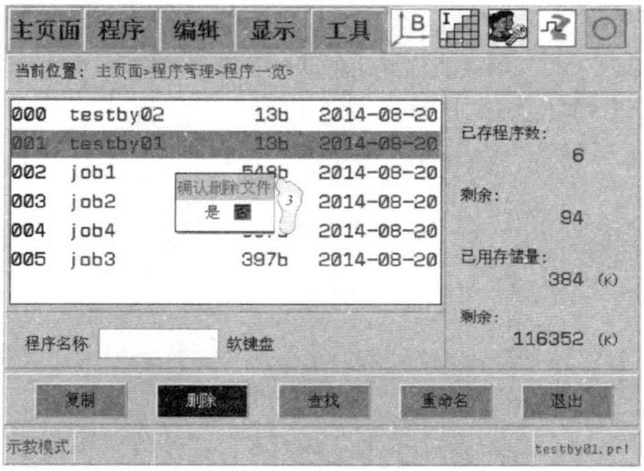

图 5-1-32

按左右键移动光标，选择"是"按钮，将删除当前光标所在位置的程序行，文件列表重新刷新；选择"否"按钮，退出删除程序界面。

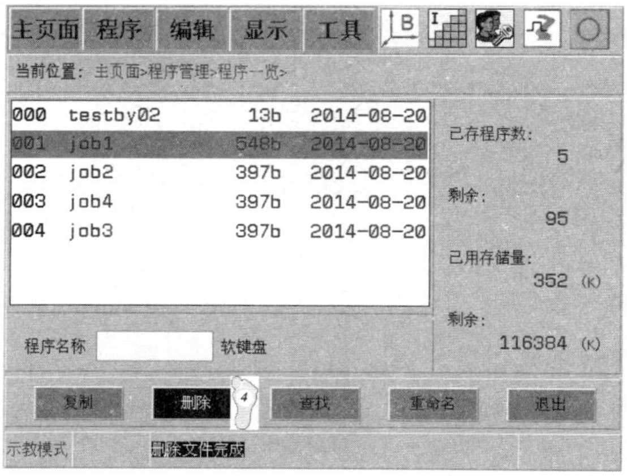

图 5-1-33

如查找程序名为testby02.prl的程序步骤如图5－1－34～图5－1－37所示。

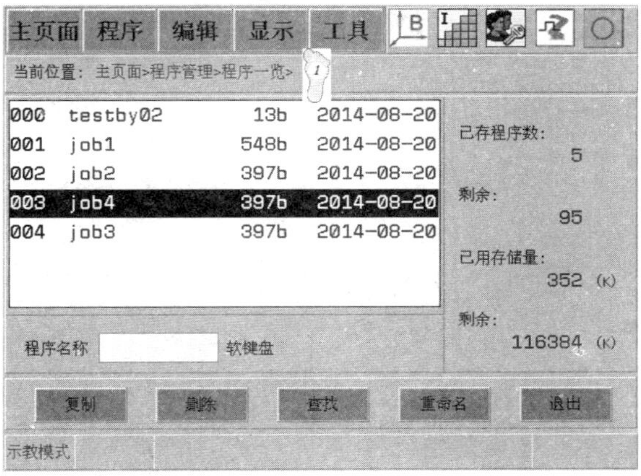

图5－1－34

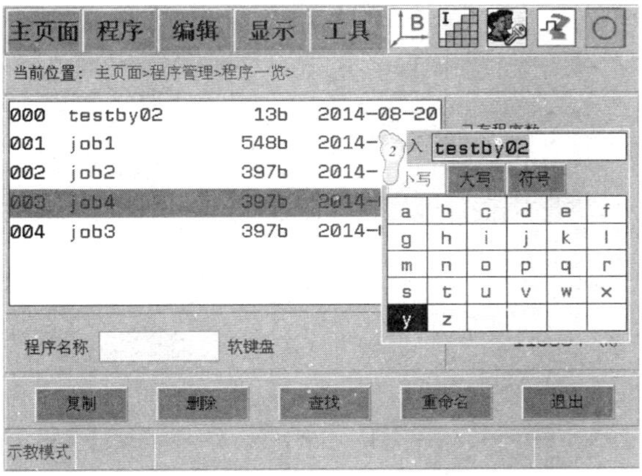

图5－1－35

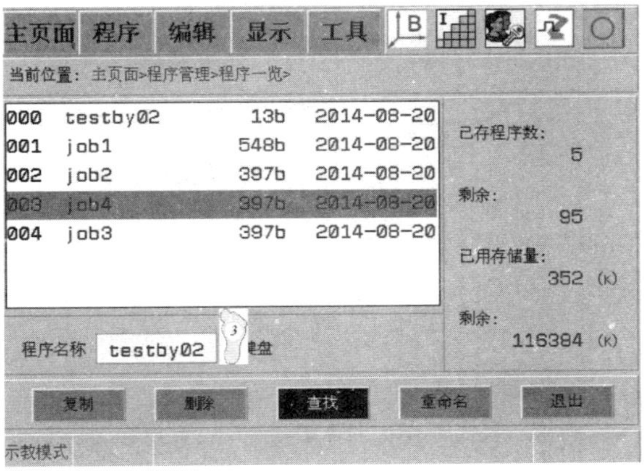

图5－1－36

1 先按[TAB]键和左右方向键，将光标切换到{程序管理}菜单上，然后配合[选择]键打开{程序管理}子菜单并且使用上下方向键移动光标到{程序一览}菜单上，最后按[选择]键打开{程序一览}界面。

2 在{程序一览}界面，按[TAB]键切换光标到输入框，配合[选择]键进入软键盘输入页面，输入程序名testby02。

3 按[TAB]键切换光标到按钮区域并配合左右方向键移动光标到“查找”按钮上。

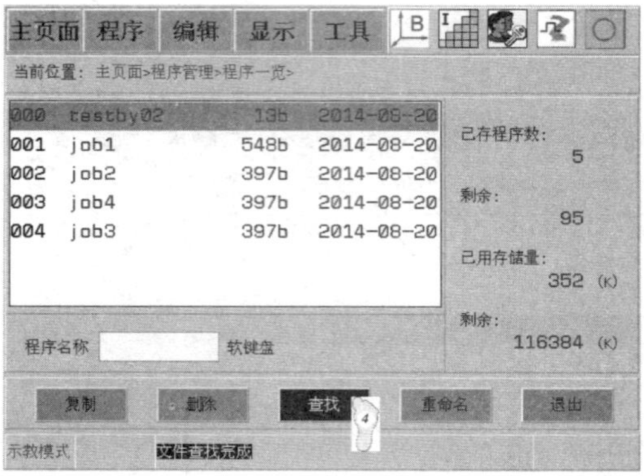

图 5-1-37

按[选择]键输入查找指令，如果查找正确，光标将停留在找到的文件名称上，否则系统将提示文件未找到。

(5) 重命名程序文件

重命名程序文件就是对程序文件名称进行修改操作。修改后的程序文件内容不变，只是名称上的改变。

如把程序名为 testby01.prl 的程序改名为 testby02.prl 步骤如图 5-1-38～图 5-1-40 所示。

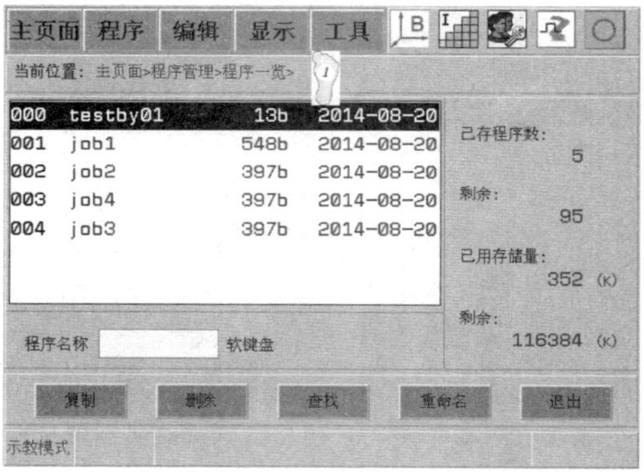

图 5-1-38

先按[TAB]键和左右方向键，将光标切换到{程序管理}菜单上，然后配合[选择]键打开{程序管理}子菜单并且使用上下方向键移动光标到{程序一览}菜单上，最后按[选择]键打开{程序一览}界面。

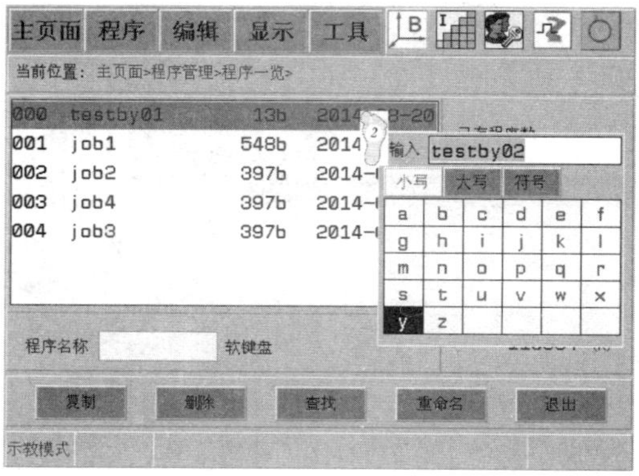

图 5-1-39

通过上下方向键选择要重命名的程序，按[TAB]键切换光标到输入框区域，配合[选择]键进入软键盘输入界面，输入新程序名称。如把程序名为 testby01 的程序改名为 testby02。

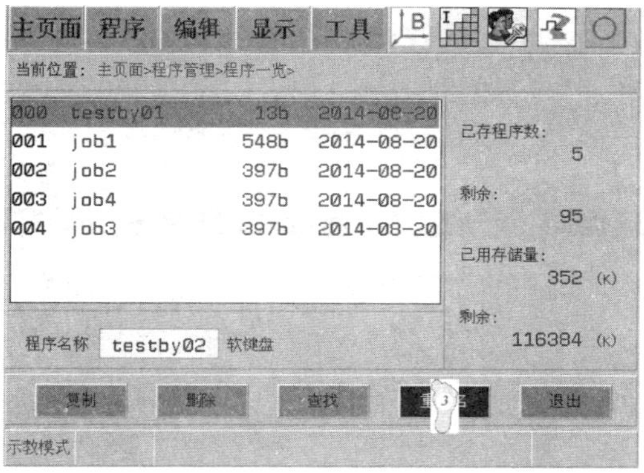

图 5 - 1 - 40

(6) 系统文件复制到 U 盘

外部存储功能就是把机器人系统的程序文件复制到 U 盘，或者把 U 盘里面的程序复制到机器人系统。

如把程序名为 job2. prl 的程序复制到外部存储 U 盘里的步骤如图 5 - 1 - 41～图 5 - 1 - 43 所示。

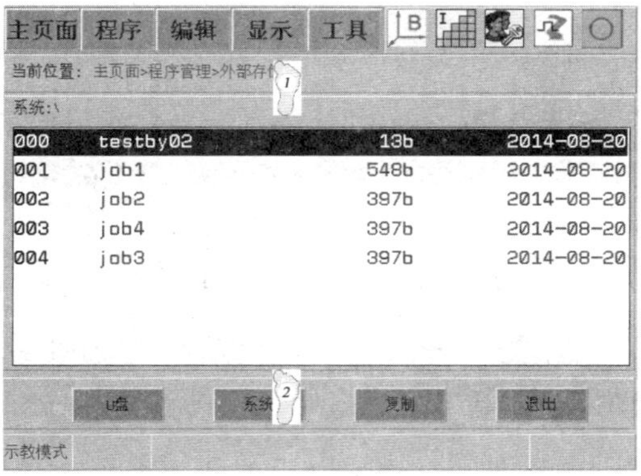

图 5 - 1 - 41

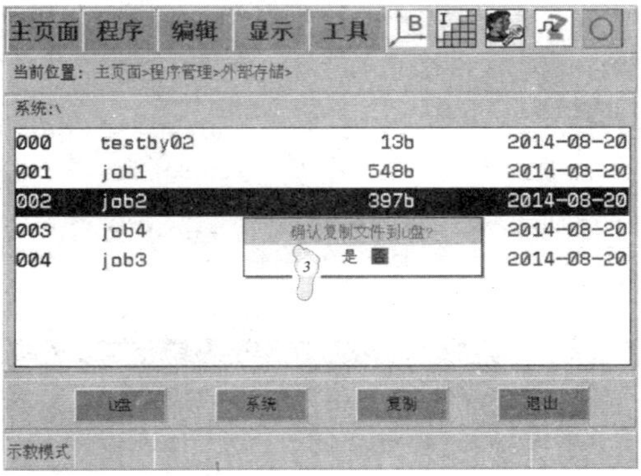

图 5 - 1 - 42

按[TAB]键切换光标到按钮上，配合左右方向键移动光标到“重命名”按钮上。

插入 U 盘后，先按[TAB]键和左右方向键，将光标切换到{程序管理}菜单上，按[选择]键打开{程序管理}子菜单，通过上下方向键移动光标到{外部存储}菜单上，按[选择]键打开{外部存储}页面。

文件列表上方的路径名为“系统\”，表示文件列表显示的文件为系统上的文件，若不是，则通过[TAB]键和方向键，选择“系统”按钮，切换到系统路径，显示系统上的文件信息。

通过[TAB]键和上下方向键，将光标移到所要复制的程序“TJIAO”上，按下[选择]键(或者将光标切换到区域二的“复制”按钮并按[选择]键)，系统会提示“确认复制文件到系统?”，通过左右方向键把光标移到“是”，最后按下[选择]键完成程序复制。

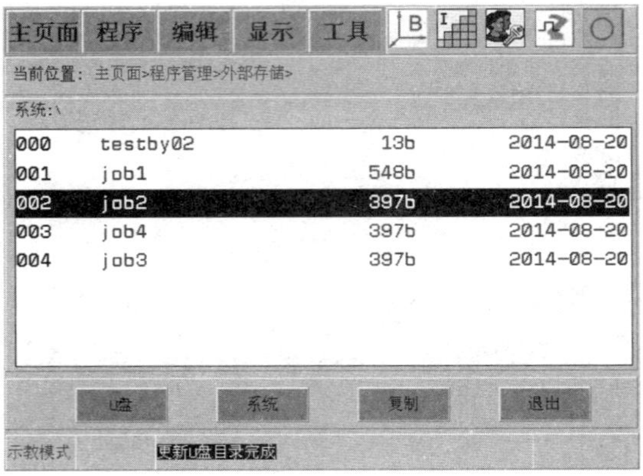

图 5-1-43

(7) U 盘文件复制到系统

如把 U 盘里面程序名为 TJIAO. prl 的程序复制到机器人示教盒里的步骤如图 5-1-44～图 5-1-46 所示。

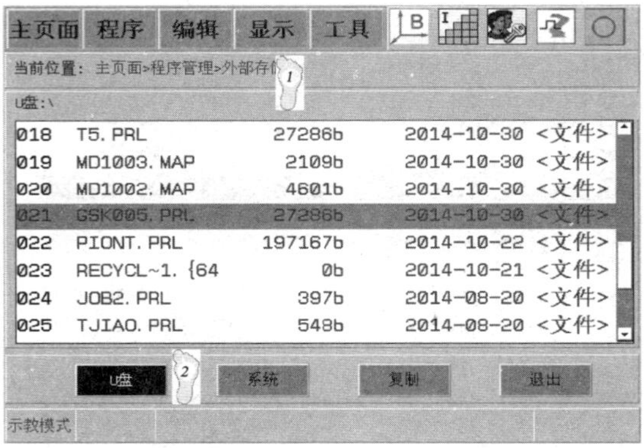

图 5-1-44

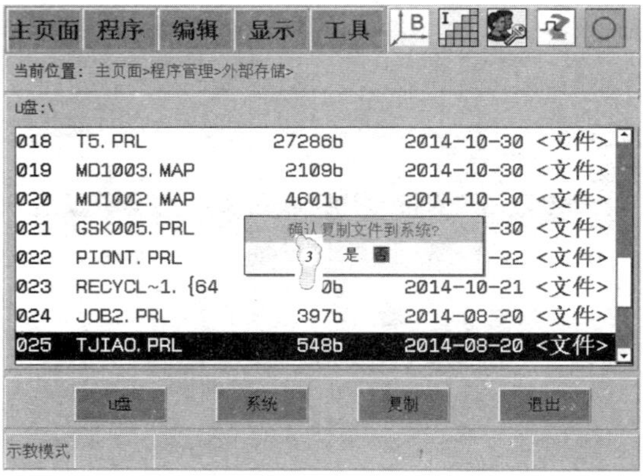

图 5-1-45

① 插入 U 盘后，先按[TAB]键和左右方向键，将光标切换到{程序管理}菜单上，然后配合[选择]键打开{程序管理}子菜单并且使用上下方向键移动光标到{外部存储}菜单上，最后按[选择]键打开{外部存储}页面

② 通过[TAB]键和左右方向键，将光标移到“U 盘”按钮上，按[选择]键打开 U 盘

③ 通过[TAB]键和上下方向键移动光标，[选择]键进入目录，选择“上一级”返回上一层目录，将光标移到所要复制的程序 TJIAO. prl 上，按下[选择]键或者将光标切换到区域二的“复制”按钮并按[选择]键)，系统会提示“确认复制文件到系统?”

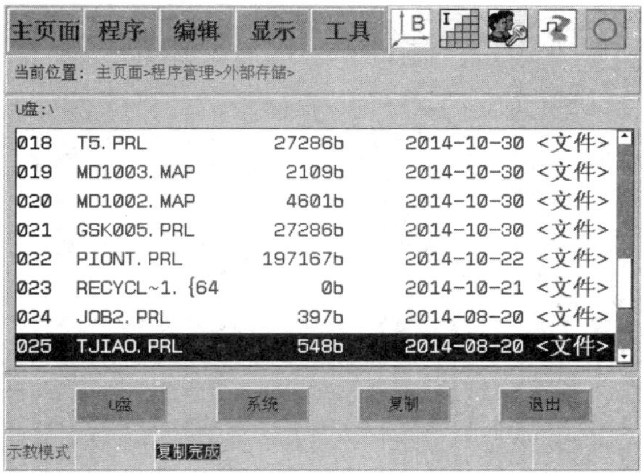

图 5－1－46

(8) 指令编辑

程序输入完成并且经过示教检查其运动轨迹后，如果发现程序指令有不妥之处，可以使用添加指令、修改指令、删除指令、剪切指令和复制指令等程序编辑功能对程序指令进行编辑。

1）添加指令

添加指令就是将指令编辑界面中的指令输入到程序界面光标所在行的下一行。

以图 5－1－47 所示的程序为例，假如想在放置工件后让机器人暂停 1 秒，可以进行如图 5－1－48～图 5－1－51 所示的操作。

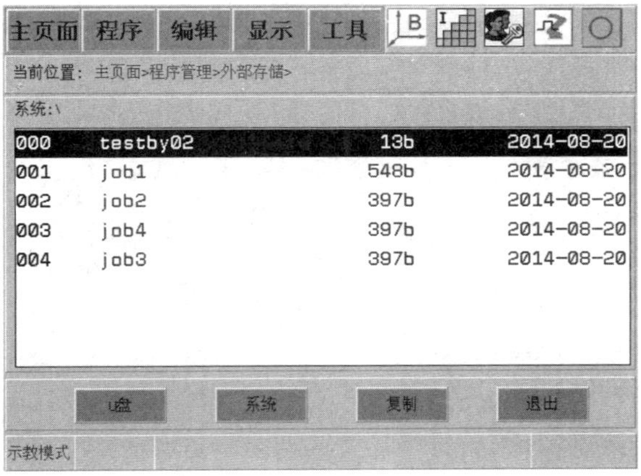

图 5－1－47

2）修改指令

修改指令就是修改光标所在行的程序指令。

以图 5－1－52 所示的程序为例，假如要把第五行的运动指令 MOVL 的速度改为 25，操作步骤如图 5－1－53 及图 5－1－54 所示。

1 打开程序 testby02. prl，进入程序显示页面，按[F3]键切换到编辑方式，用上下方向键把光标移到第六行程序处，此时编辑模式为一般模式。

2 按[添加]键进入添加模式。配合数值键 2 或者上下方向键移动光标，选择命令所在的类型——{2：信号处理}，按左方向键或者[选择]键移动光标到子命令，通过上下方向键或数值键 3 选择子命令——{3：DELAY}，此时按[选择]键系统会插入延时指令 DELAY。

3 在添加完 DELAY 指令后，编辑模式为修改模式，按右方向键，把光标移到时间设置 T 处，输入时间 1 秒，按[输入]键完成时间的设置。

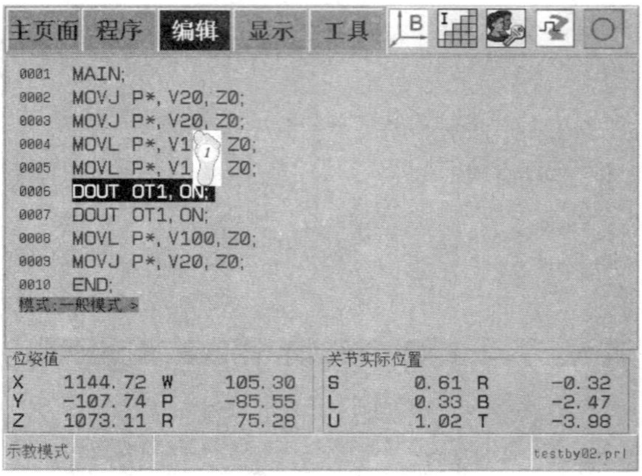

图 5－1－48

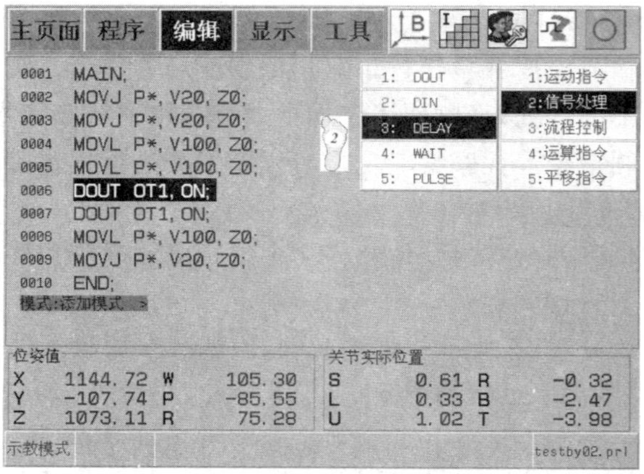

图 5－1－49

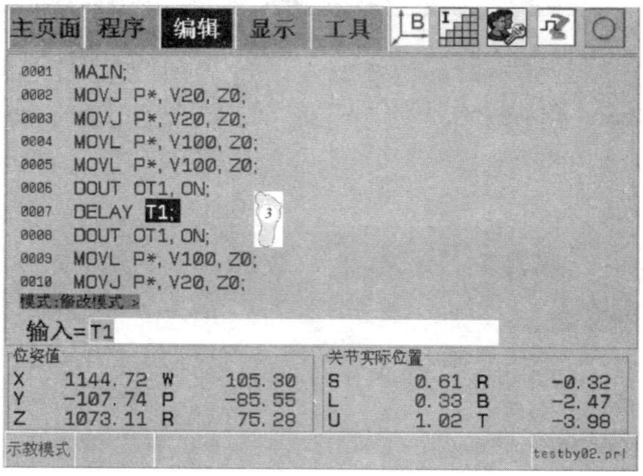

图 5－1－50

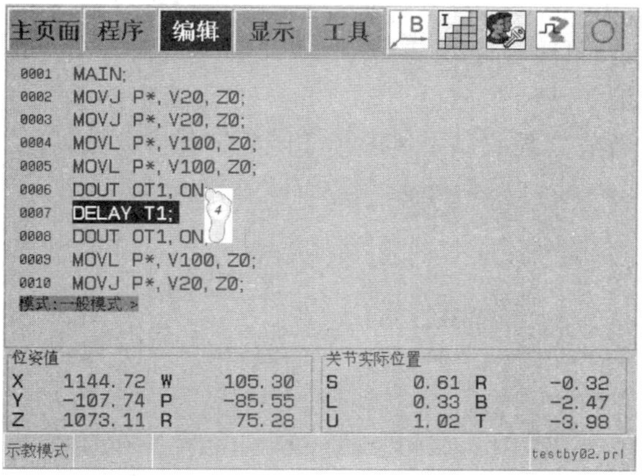

图 5－1－51

4 时间设置完成之后按[取消]键完成指令的添加，并退出到一般模式。

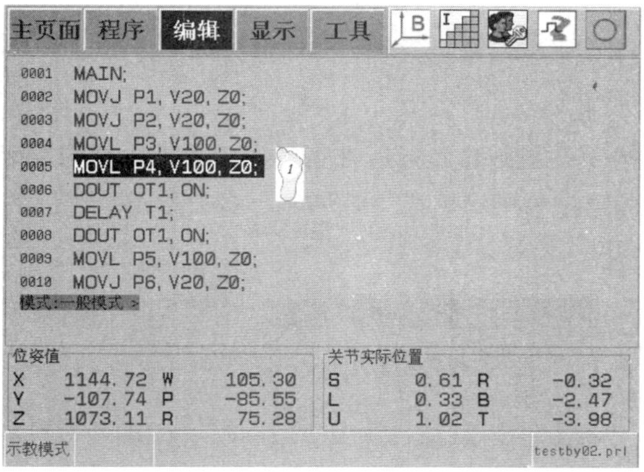

图 5－1－52

1 打开程序 testby02.prl，进入程序显示页面，按[F3]键切换到编辑方式，用上下方向键将光标移到第五行程序处。

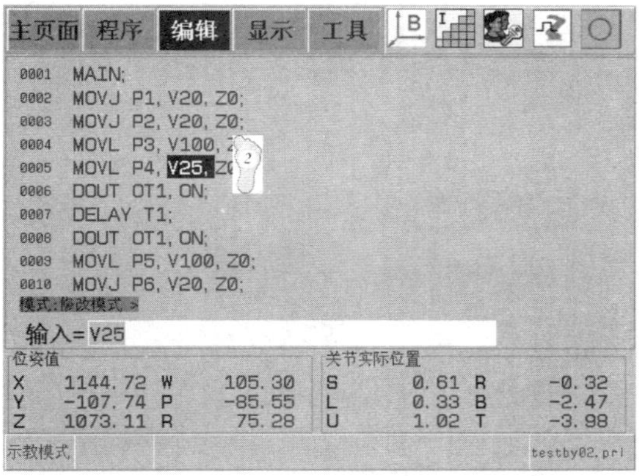

图 5－1－53

2 按[修改]键进入修改模式，配合左右方向键把光标移到速度设置的 V 处，通数键输入 25，再按[输入]键完成速度的修改。

注意：将示教点变量 Pm 改成 Pn 时（m、n 都是示教点序号 0～999 或 * ），若 Pn 点不存在，则系统会创建 Pn 点，其值为 Pm

点的值；若 Pn 点已经存在，则系统会让用户选择是否将 Pm 点的值赋予 Pn。只要程序创建过 Pn 点，则该点将一直存在，即使引用该点的指令已经被删除。对 Pn 点进行获取示教点操作时，则系统会将当前位置值赋予 Pn 点，Pn 点旧值将被丢弃。

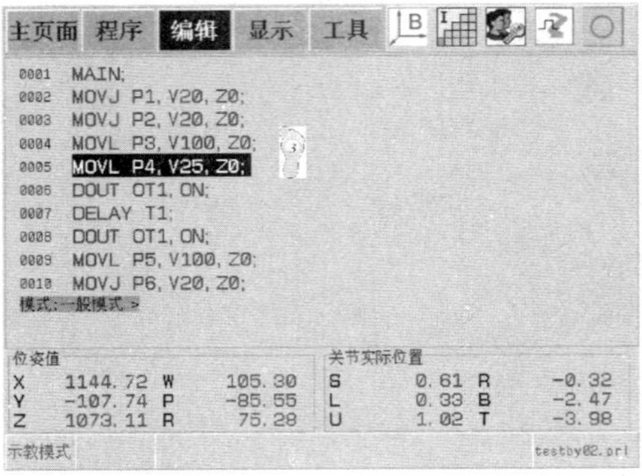

图 5-1-54

3 设置完成之后，按[取消]键完成指令的修改并退出到一般模式。

3）删除指令

删除指令就是删除光标所在行的程序指令。以任一程序为例，假如要删除第二行的 MOVJ 移动指令，操作步骤如图 5-1-55 及图 5-1-56 所示。

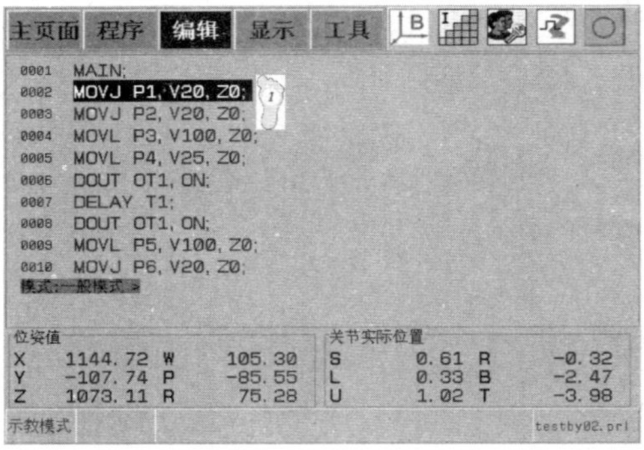

图 5-1-55

1 打开程序 testby02.prl，进入程序显示页面，按[F3]键切换到编辑方式，用上下方向键把光标移到第二行程序处。

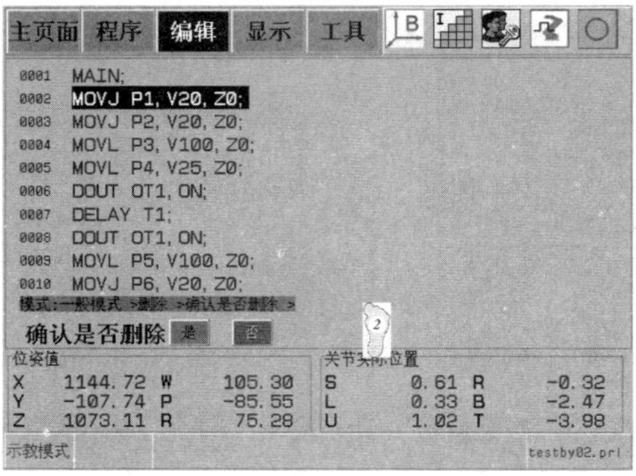

图 5-1-56

2 按[删除]键，此时页面提示“选择删除区域”，通过上下键可以选择要删除的指令区域。这里只删除当前行，因此无需选择区域，如果选择区域后，再按[删除]键，此时页面弹出删除当前行确认框，通过左右方向键选择是否删除，如选择“是”按钮，再按[选择]键，则删除当前行；如选择“否”按钮，则取消删除操作。

4）剪切指令

以任一程序为例，将第二三四行程序剪切至第五行程序后面的操作步骤如图 5－1－57～图 5－1－60 所示。

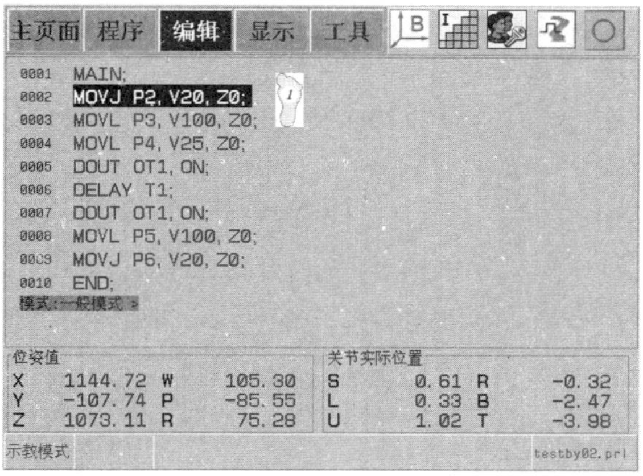

图 5－1－57

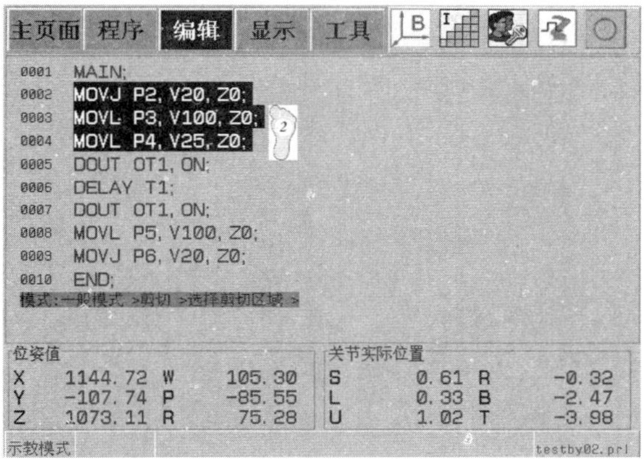

图 5－1－58

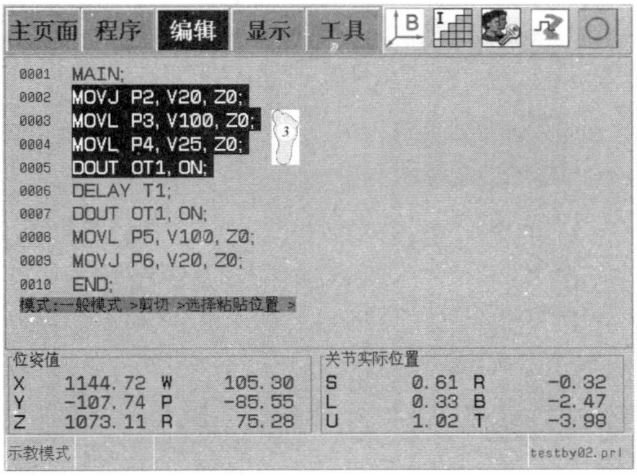

图 5－1－59

1 打开程序 testby02.prl，进入程序显示页面，按［F3］键切换到编辑方式，用上下方向键选择要剪切程序的起始行（第二行）。

2 按［剪切］键，此时界面下方会提示选择剪切区域，通过上下方向键选择要剪切区域（第二行至第四行）。

3 选定剪切区域后再按［剪切］键，此时页面下方提示｛选择粘贴行｝，把光标移动到要粘贴到最终位置的前一行处，如把第二三四行程序剪切并放到第五行程序的后面。

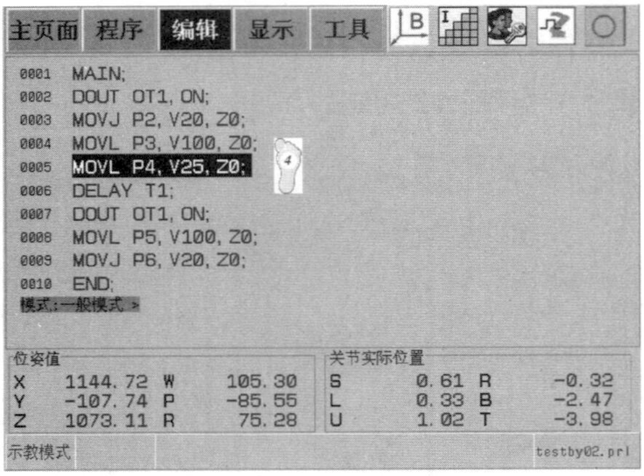

图 5-1-60

4 最后按[剪切]键完成剪切操作。

5）复制指令

以任一程序为例，将第二至第五行程序复制至第八行程序后面的操作步骤如图 5-1-61～图 5-1-63 所示。

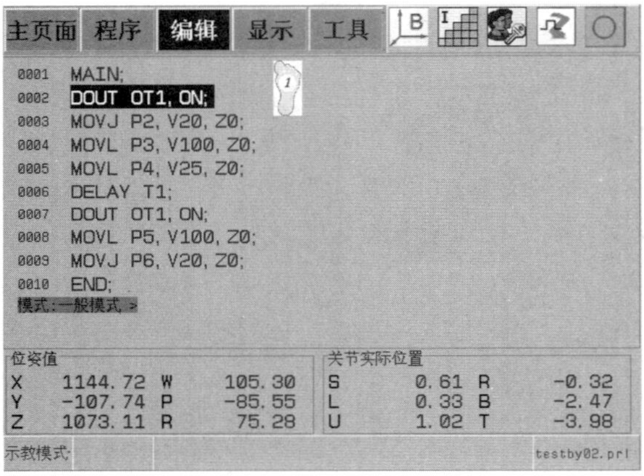

图 5-1-61

1 打开程序 testby02.prl，进入程序显示页面，按[F3]键切换到编辑方式，用上下方向键选择要复制程序的起始行（第二行）。

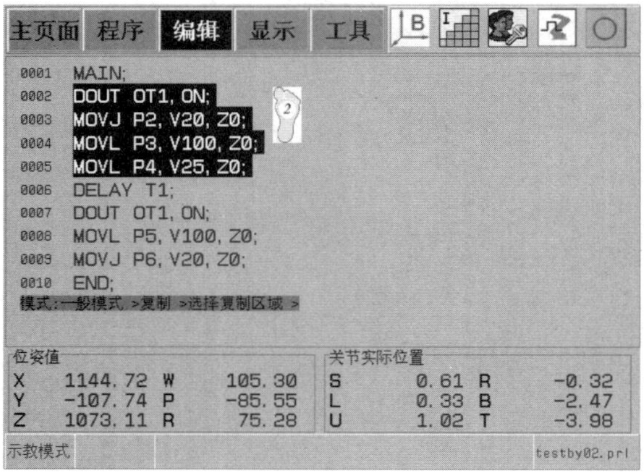

图 5-1-62

2 按[复制]键，此时界面下方会提示选择复制区域，通过上下方向键选择要复制区域（第二行至第五行）

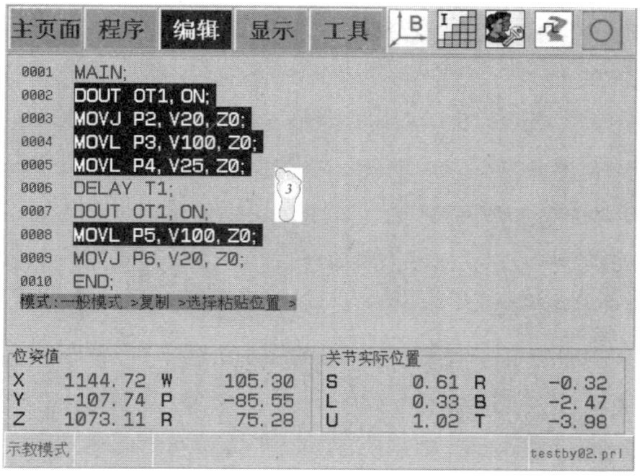

图 5-1-63

选定复制区域后再按[复制]键,此时页面下方提示{选择粘贴行},把光标移动到要粘贴到最终位置的前一行处,如把第二至第五行程序复制到第八行程序的后面。

6) 整体替换

整体替换指令功能是指将程序文件中所有同一运动指令(MOVJ 或 MOVL 或 MOVC)的速度参数或者过渡参数整体替换的操作。对于速度参数有两种方式进行整体替换:一是整体替换为同一个速度值,称为整体同一替换方式,如把所有 MOVJ 指令的速度替换成 V80;二是整体按某一比例进行替换,称为整体比例替换方式,如把各条 MOVJ 指令的速度改为 V * 0.5。过渡参数只有整体同一替换方式。

① 整体同一速度替换方式

以 job1. prl 为例,以整体同一替换方式替换运动指令 MOVJ 的速度 V 与精度值 Z,其操作步骤如图 5-1-64～图 5-1-69 所示。

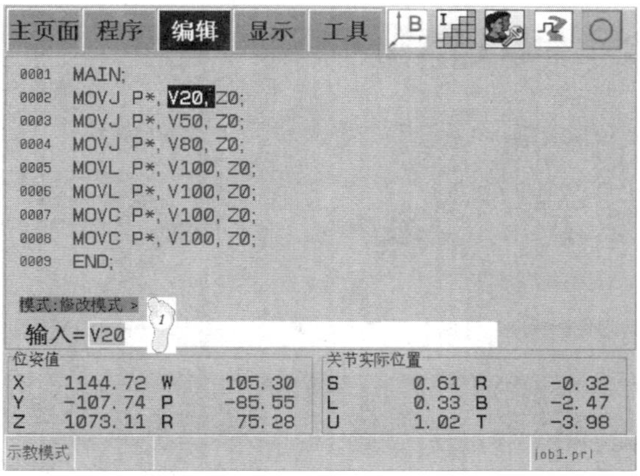

图 5-1-64

打开程序 job1. prl,进入程序显示页面,按[F3]键切换到编辑方式,按[修改]键,用上下左右方向键选择 MOVJ 的速度参数 V20(第一行)。

提示:此功能对于 MOVL、MOVC 运动指令同样适用,操作步骤也一样。

整体替换指令功能是指将程序文件中所有同一运动指令(MOVJ 或 MOVL 或 MOVC)的速度参数或者过渡参数整体替换使用数值按键输入 MOVJ 指令运动时所需要的速度值，如 V60，按数值键输入 60。

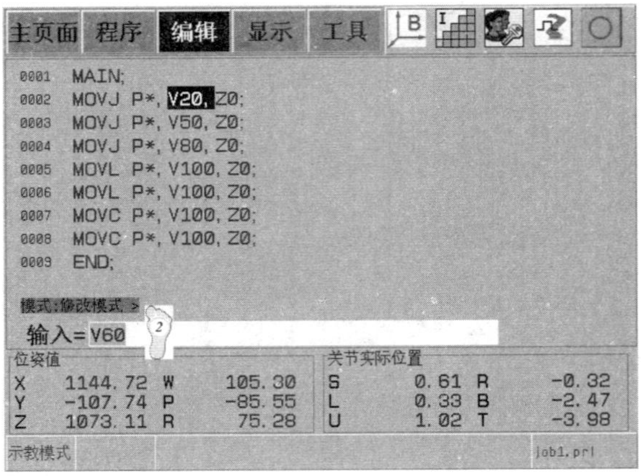

图 5-1-65

然后按[转换]+[输入]键，所有 MOVJ 运动指令的速度参数全部都被替换成 V60。

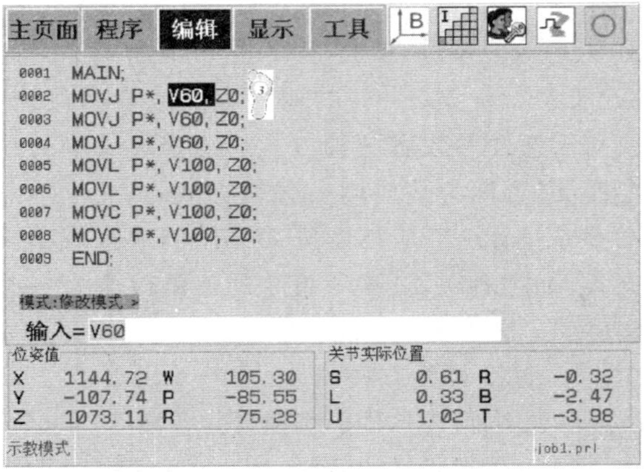

图 5-1-66

用上下左右方向键选择 MOVJ 的速度参数 Z0(第一行)。

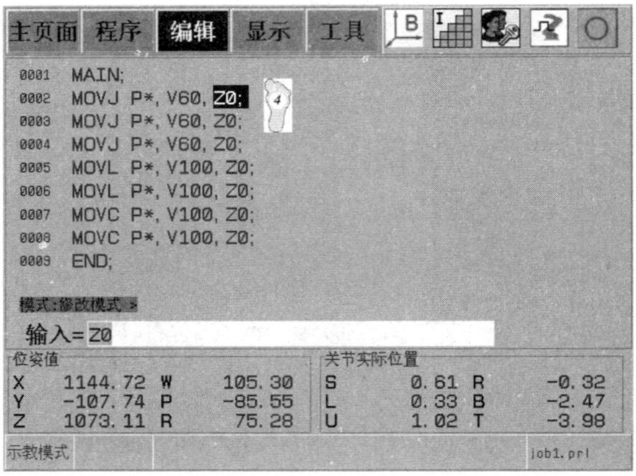

图 5-1-67

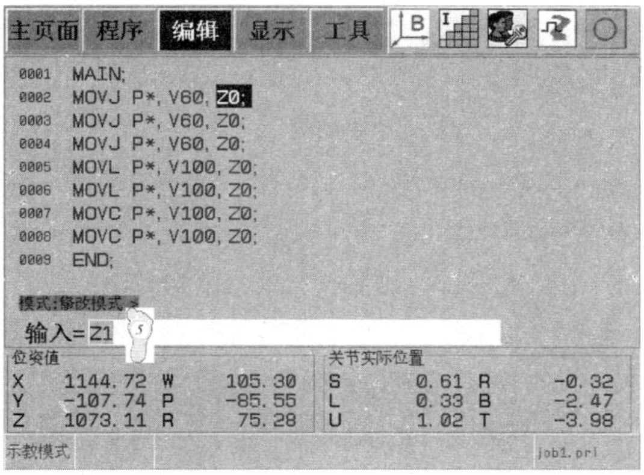

图 5－1－68

使用数值按键输入MOVJ指令运动时所需要的精度值，如Z1，按数值键输入1。

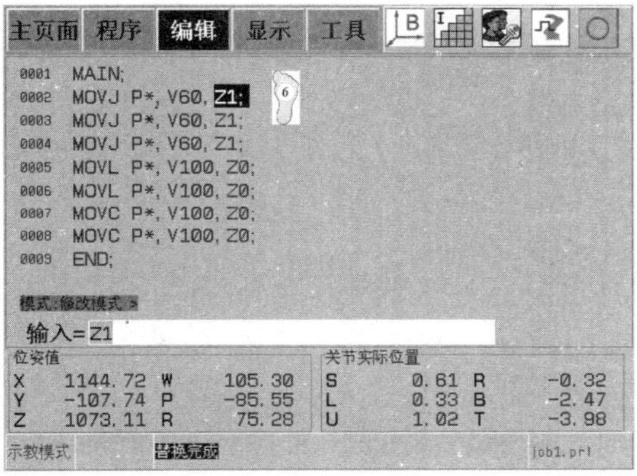

图 5－1－69

然后按[转换]＋[输入]键，MOVJ运动指令的精度参数Z0全部都被替换成为Z1。

② 整体比例替换方式

以job2.prl为例，以整体比例替换方式替换运动指令MOVJ的速度V，其操作步骤如图5－1－70～图5－1－72所示。

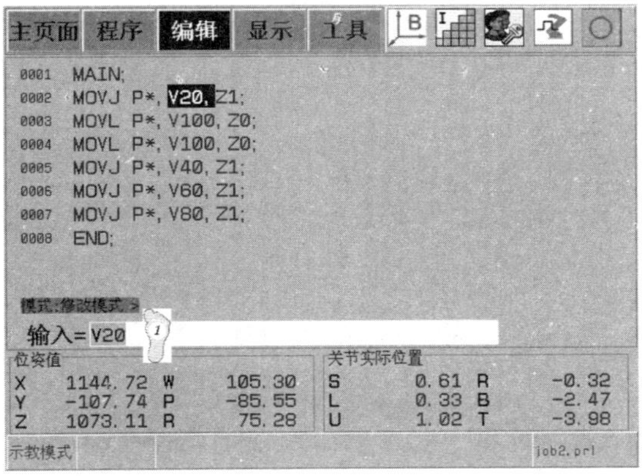

图 5－1－70

打开程序job2.prl，进入程序显示页面，按[F3]键切换到编辑方式，按[修改]键，用上下左右方向键选择MOVJ的速度参数V20(第一行)。

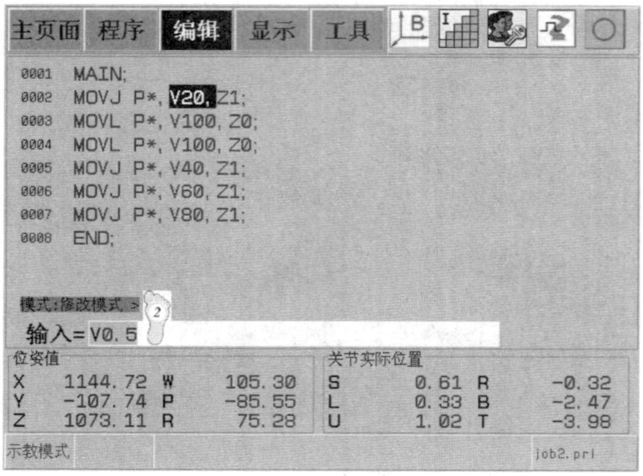

图 5-1-71

使用数值按键输入MOVJ 指令运动时所需要的比例值(0.1～1.9),如 0.5,按数值键输入 0.5。

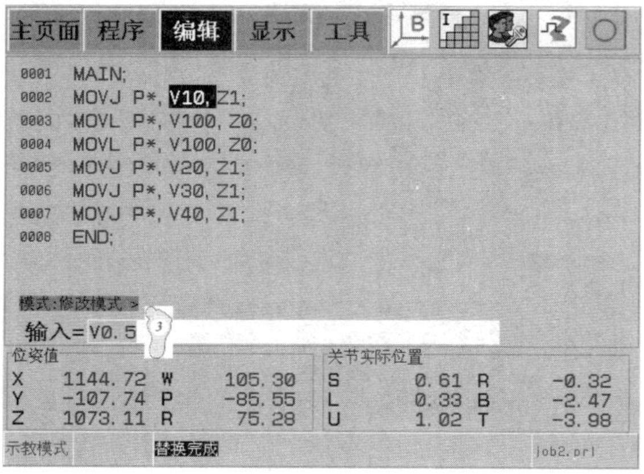

图 5-1-72

然后按［转换］＋［输入］键，所有MOVJ 运动指令的速度参数全部都被替换成为 V＊0.5。

提示：此功能对于 MOVL、MOVC 运动指令同样适用，操作步骤也一样。

注意：当 V＊比例值大于速度参数的最大值，则取最大值作为最后的结果，若 V＊比例值小于速度参数的最小值，则取最小值作为最后的结果。

7）搜索指令

搜索指令是指通过关键字查找指令的位置，同时将光标定位到符合该关键字的指令处。若符合关键字的指令有多条，则通过上下键循环遍历各条符合关键字的指令。

搜索方式有行号搜索方式、示教点搜索方式、标号搜索方式、指令搜索方式、模糊搜索方式等。

① 进入搜索模式

在｛编辑｝界面模式为一般模式下，按［选择］键，则进入搜索模式，弹起搜索方式菜单，如图 5-1-73 所示，按［取消］键可退出搜索模式，返回一般模式。

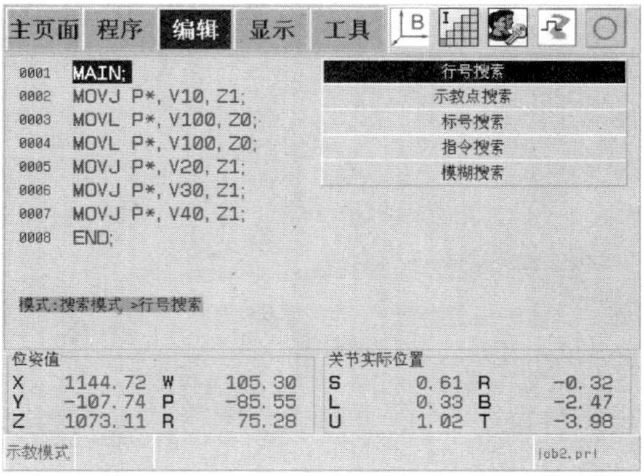

图 5 - 1 - 73

② 程序行号搜索方式

在搜索方式菜单中，通过方向键将光标移动到{行号搜索}，按[选择]键，进入程序行搜索界面，输入要查找的程序行，再按下[输入]键，完成行搜索操作，光标定位到指定程序行，系统直接退出搜索模式即可完成快速跳转到目标行的功能，如图 5 - 1 - 74 所示。

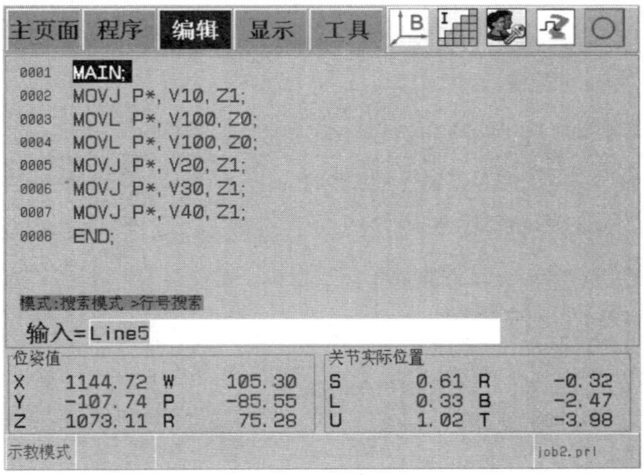

图 5 - 1 - 74

③ 示教点搜索方式

在搜索方式菜单中，通过方向键将光标移动到{示教点搜索}，按[选择]键，进入示教点搜索界面，输入要查找的示教点号(按[退格]键删除所有字符时，输入的是 P * 点)，再按[输入]键，完成行搜索操作，光标定位到首次出现关键字的程序行处，通过上下方向键进行遍历浏览，[取消]键退出搜索模式，如图 5 - 1 - 75 所示。

注意：在“一般模式”下，直接通过数值键输入目标行号，并按下[输入]键。

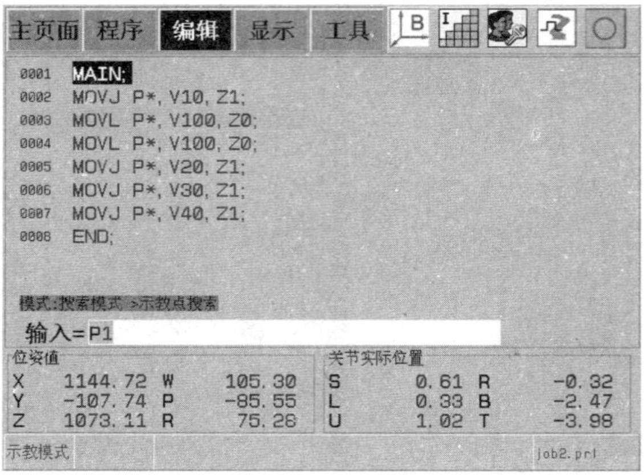

图 5-1-75

④ 标号搜索方式

在搜索方式菜单中，通过方向键将光标移动到{标号搜索}，按[选择]键，进入标号搜索界面，输入要查找的标号，再按下[输入]键，完成行搜索操作，光标定位到首次出现关键字的程序行处，通过上下方向键进行遍历浏览，[取消]键退出搜索模式，如图 5-1-76 所示。

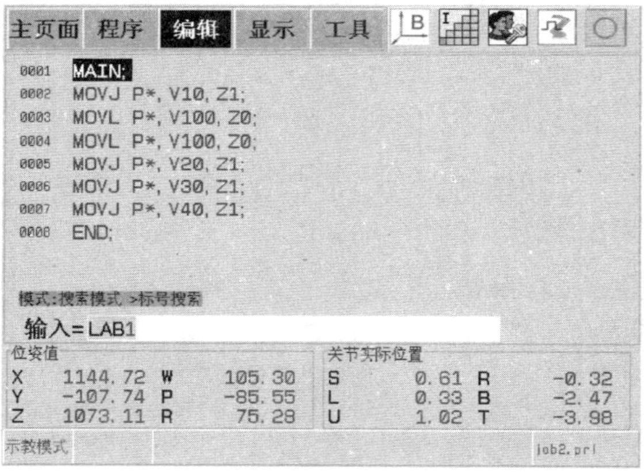

图 5-1-76

⑤ 指令搜索方式

在搜索方式菜单中，通过方向键将光标移动到{指令搜索}，按[选择]键，进入指令搜索界面，在软键盘中输入要查找指令(如MOVJ，WAIT，OFF)，再按下[输入]键，完成行搜索操作。若搜索无结果，则系统直接退出搜索模式，否则光标定位到首次出现关键字的程序行处，通过上下方向键进行遍历浏览，[取消]键退出搜索模式。如图 5-1-77 所示。

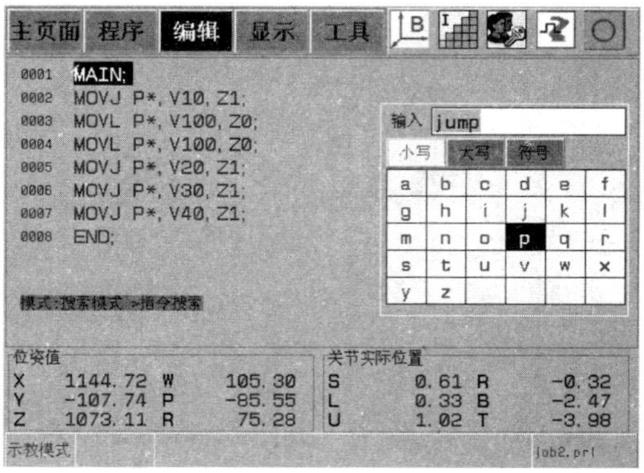

图5－1－77

⑥ 模糊搜索方式

模糊搜索是指通过将正则表达式作为搜索关键字进行搜索。正则表达式有很多复杂的功能,这里只使用它的一小部分,其规则为:正则表达式由字母、数字和符号组成。以下含有一些特定意义的符号。

a. 表示数量的符号。

- 点符号‘.’:表示任意单个字符。
- 星符号‘＊’:表示它左边的字符可以出现任意次,包括零次。如BA＊可以匹配B,BA,BAA,BAAA……

b. 表示位置的符号。

- ‘ˆ’:表示它最右边的字符一定出现在指令的开头。如ˆD可以匹配DOUT VOT,ON;而不能匹配 # DOUT VOT,ON;
- ‘$’:表示它最左边的字符一定出现在指令的末尾。如;$(分号$):表示分号;一定出现在指令的末尾,即可以匹配所有的非标号指令LAB0:。
- ‘\＜目标字符串′:若目标字符串左边有空格符或者逗号,则该字符串被匹配。如:“\＜MOVJ”将匹配 # MOVJ P1,V100,Z1;中的字符串MOVJ。而不能匹配MOVJ P1,V100,Z1;中的MOVJ。
- ‘目标字符串\＞’:若目标字符串右边有空格符、逗号或者分号,则该字符串被匹配。如:P\＞能匹配JUMP中的P,而P＊中的P却不能。

举例:如要查找所有的MOVJ,MOVL,MOVC指令,且他们的过度值都为Z1。可以这样模糊查找:ˆMOV. ＊Z1。

在搜索方式菜单中,通过方向键将光标移动到{模糊搜索},按[选择]键,进入模糊搜索界面,通过软键盘输入正则表达式(如\＜O查找所有指令,这些指令中有字母O位于空格符或者标点符号的右边),再按下[输入]键,完成行搜索操作。若搜索无结果,则系统直接退出搜索模式，否则光标定位到首次出现关键字的程序行处，通过上下方向键进行遍历浏览，[取消]键退出搜索模式，如图 5-1-78 所示。

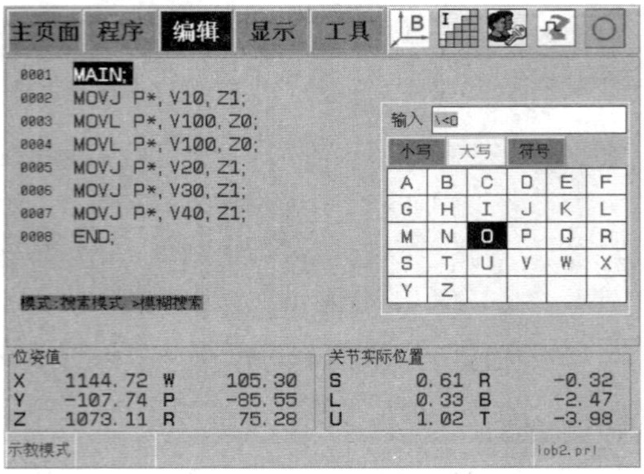

图 5-1-78

8）指令格式的编辑

指令格式的编辑有些指令有多种格式，如 JUMP 指令有若干格式：

a. JUMP LAB0；。

b. JUMP LAB0，IF R0 ＞＝0；。

c. JUMP LAB0，IF IN1 ＝＝ ON；。

以上是三种类型格式，第一种类型表示无条件跳转；第二种类型是以变量的值作为条件进行判断而跳转，而变量的值又包括 B、D、I、R、常量，而比较符又包括＜、＜＝、＞、＞＝、＝＝、＜＞，因此该类型的格式种类会很多；第三种类型是以输入端口的状态作为条件判断而跳转。因此，系统提供两种方式进行指令格式的修改。

① 通过[转换]键进行修改指令格式

要将第 2 条指令修改成第 3 条指令一致，步骤如图 5-1-79～图 5-1-84 所示。

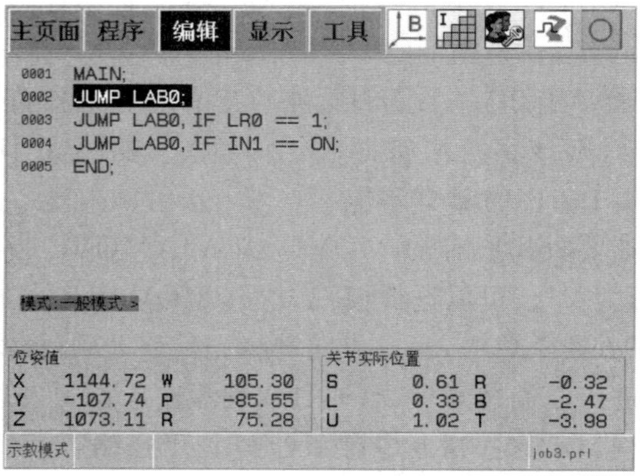

图 5-1-79

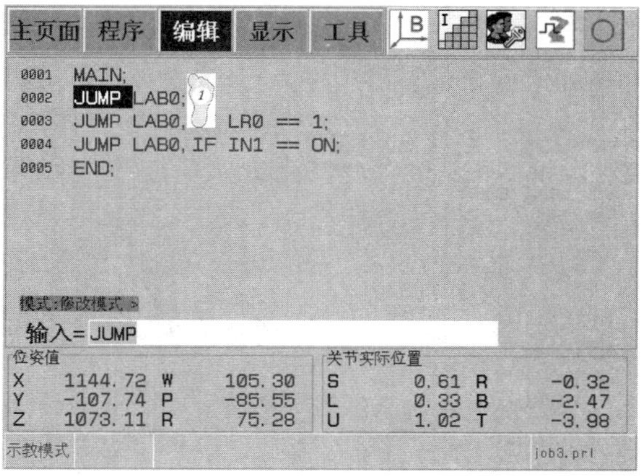

图 5－1－80

① 进入“修改模式”，将光标移动到 JUMP。

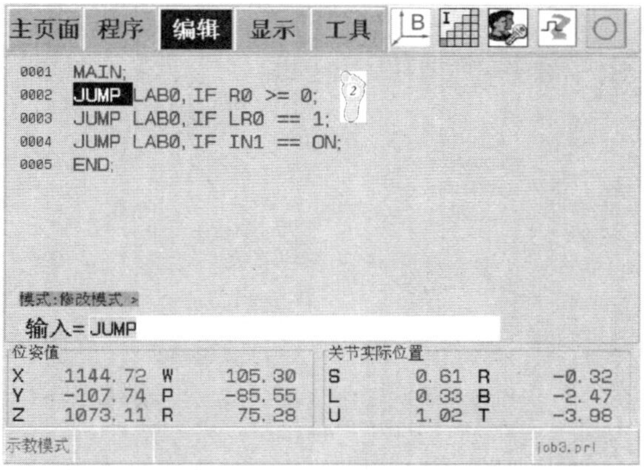

图 5－1－81

② 按下［转换］键，JUMP 指令格式变成第二种类型。

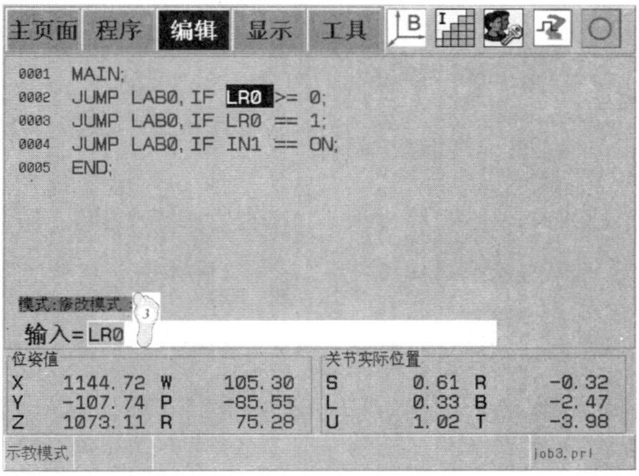

图 5－1－82

③ 将光标移动到 R0 处，连续按下［转换］键，直到 R0 改变成 LR0。

② 进入“指令格式编辑”界面进行修改指令格式

要将第 2 条指令修改成与第 4 条指令一致，步骤如图 5－1－85～

图 5－1－90 所示。

将光标移动到“>=”处，连续按下［转换］键，直到“>=”改变成“==”。

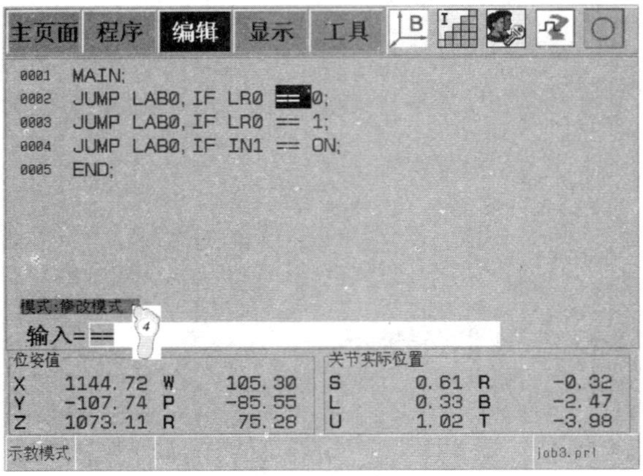

图 5－1－83

将光标移动到 0 处，通过数值键输入 1，［输入］键进行输入，即可将第 2 条指令格式修改成第 3 条。

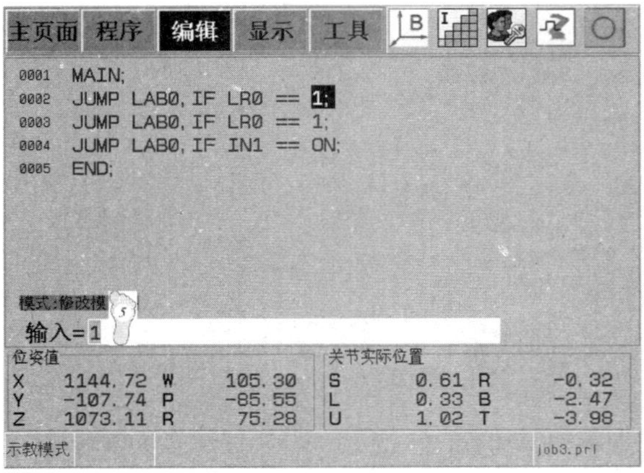

图 5－1－84

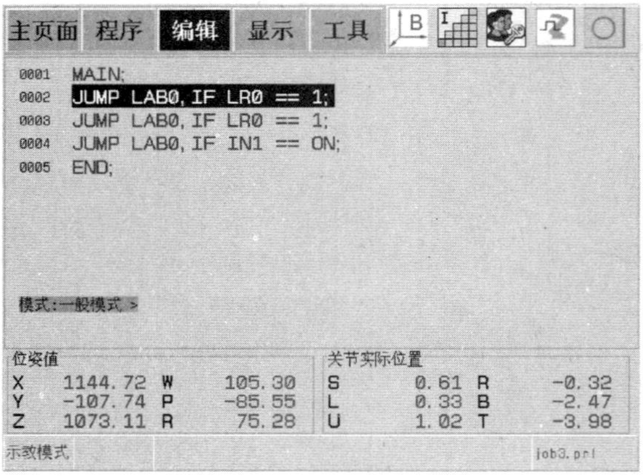

图 5－1－85

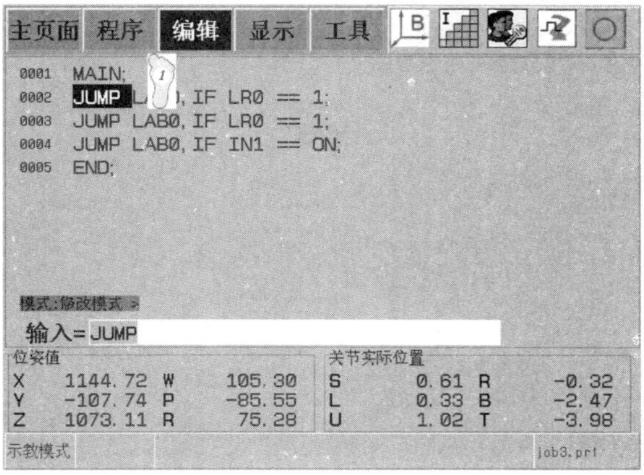

图 5－1－86

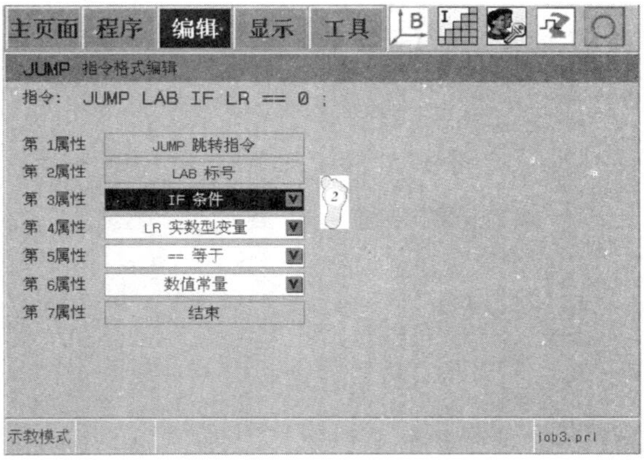

图 5－1－87

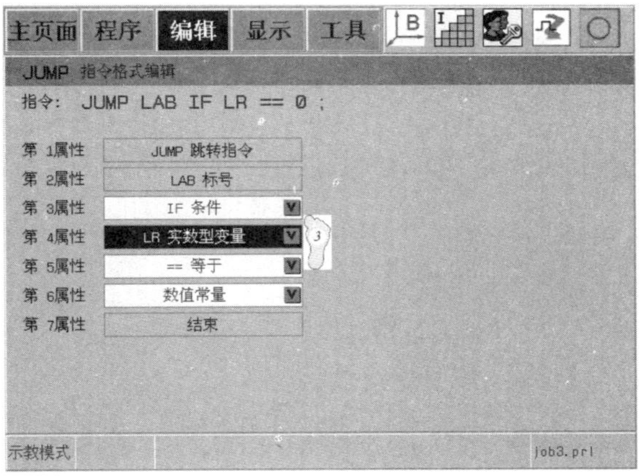

图 5－1－88

此时，指令已经修改成了第三种类型的格式，即，以输入端口的状态作为条件判断的跳转格式。若按下[输入]键，确认格式的

1 进入“修改模式”，将光标移动到 JUMP。

2 按下[选择]键，进入 JUMP 指令的格式编辑界面。

3 通过上下方向键，将光标移动到“第 4 属性”。

按下[选择]键，下拉框弹起，移动光标到“009 IN 输入端口”。

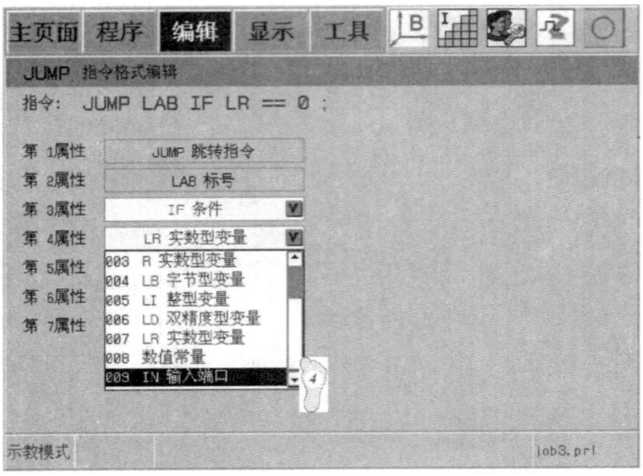

图 5-1-89

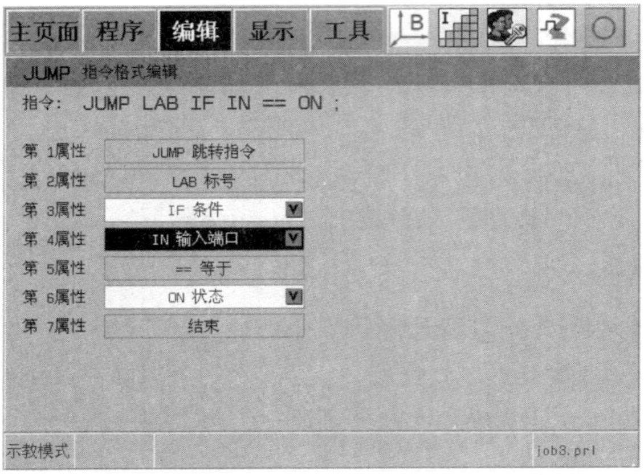

图 5-1-90

编辑，并退回{编辑}界面；若按下[取消]键，取消格式的编辑，并退回{编辑}界面。这里选择按下[输入]键，确认 JUMP 指令的格式编辑，如图 5-1-91 所示。

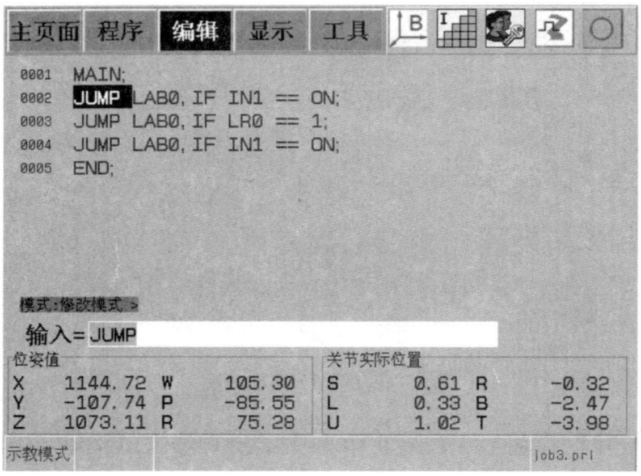

图 5-1-91

如上所述，对于多种格式的指令，系统提供了两种方式进行格式之间的转换。一是通过[转换]键，该方式比较快，但需要记忆将光标定位的位置进行转换操作；二是通过“指令格式编辑”界面，该方式清晰明了。用户可根据个人习惯选择。

9）运动指令的特殊编辑

① 运动指令的快速输入

快速输入运动指令是指无需通过指令菜单进行添加运动指令，只需在编辑模式为“一般模式”下，通过[使能开关]+[输入]+[获取示教点]组合键，即可快速输入一条运动指令（MOVJ 或者 MOVL 或者 MOVC）。新建一个程序，进入{编辑}界面，如图 5-1-92 所示。

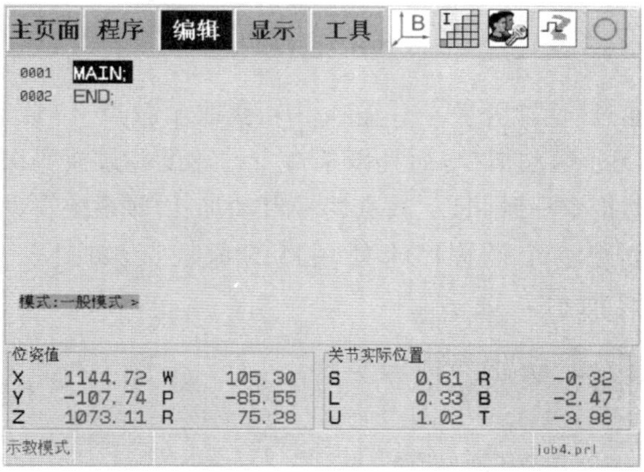

图 5-1-92

通过[使能开关]+[输入]+[获取示教点]组合键，快速输入一条运动指令，如图 5-1-93 所示。

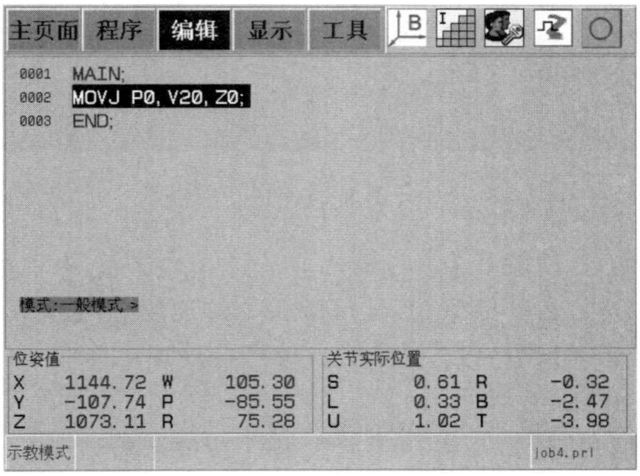

图 5-1-93

此时系统默认快速添加一条 MOVJ 运动指令，进入“修改模式”修改指令速度和过渡等级，并返回到“一般模式”，如图 5-1-94 所示。

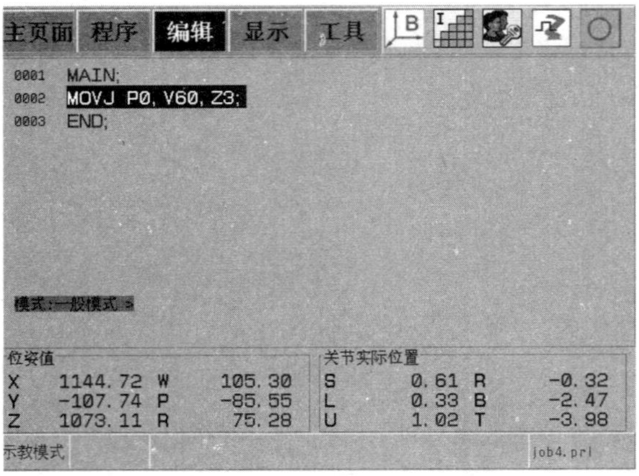

图 5-1-94

接着通过[使能开关]+[输入]+[获取示教点]组合键，快速输入一条 MOVJ 运动指令，而且该条指令的速度和过渡等级与前一条 MOVJ 运动指令一致，且示教点编号自动加 1，即系统自动以机器人当前位置创建一个该程序未使用过的示教点，如图 5-1-95～图 5-1-97 所示。

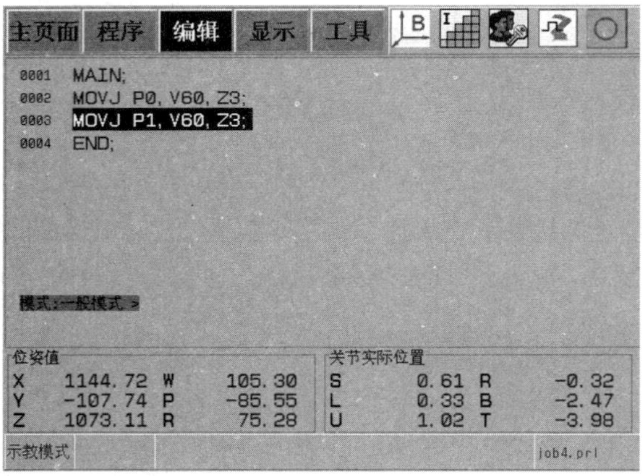

图 5-1-95

接着通过[使能开关]+[输入]+[获取示教点]组合键，快速输入一条 MOVL 运动指令，而且该条指令的速度和过渡等级与前一条 MOVL 运动指令一致，且示教点编号自动加 1，如图 5-1-98～图 5-1-100 所示。

接着通过[使能开关]+[输入]+[获取示教点]组合键，快速输入一条 MOVC 运动指令，而且该条指令的速度和过渡等级与前一条 MOVC 运动指令一致，且示教点编号并不自动加 1 而是 P8，由于 P6 和 P7 已经被创建，系统自动以机器人当前位置创建一个该程序未使用过的示教点，如图 5-1-101 所示。

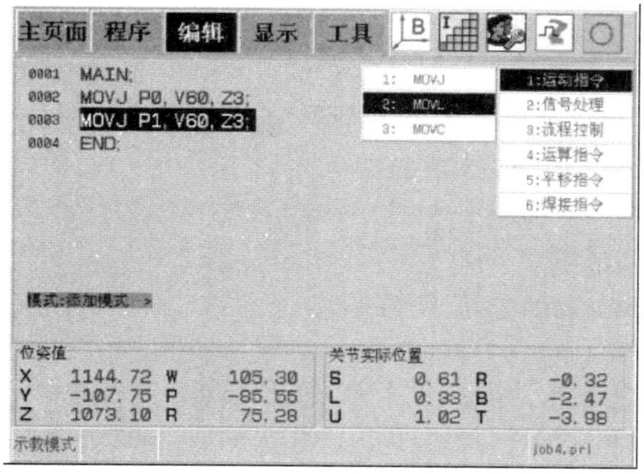

图 5－1－96

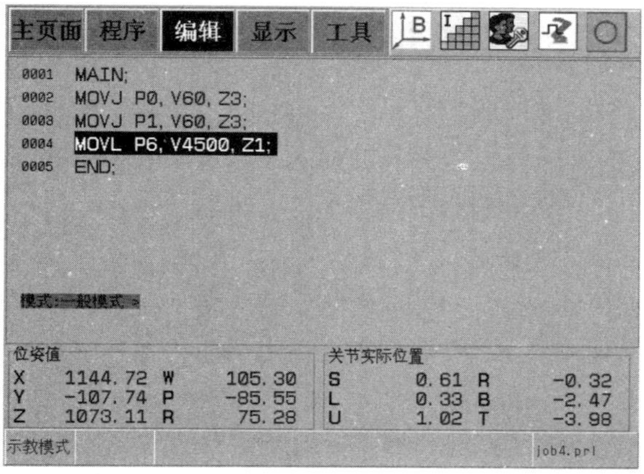

图 5－1－97

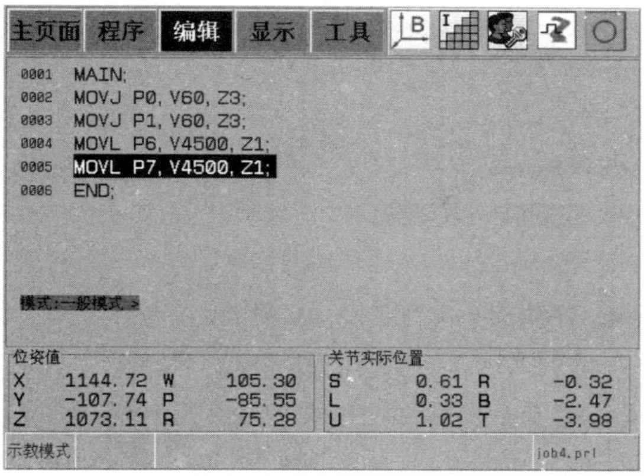

图 5－1－98

如上所述，在{编辑}界面，通过[使能开关]＋[输入]＋[获取示教点]组合键可快速添加一条运动指令，该指令的插补方式、运

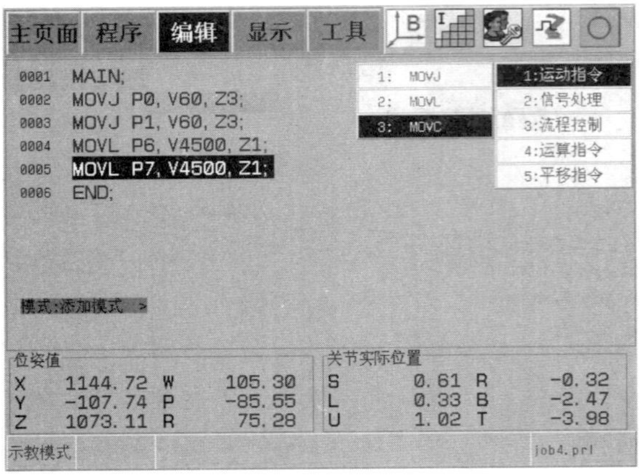

图 5－1－99

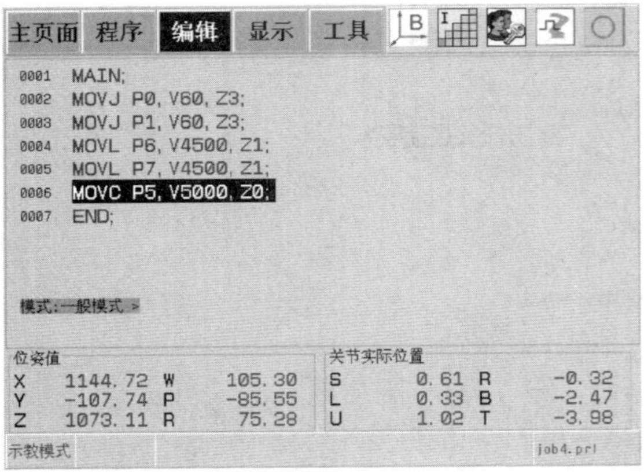

图 5－1－100

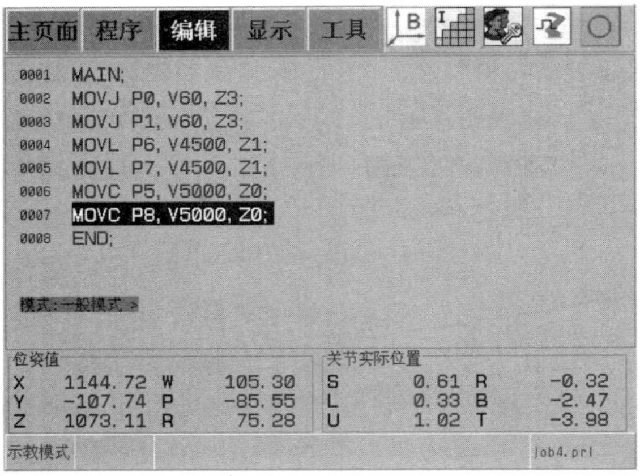

图 5－1－101

动速度、过渡等级等与上一次快速添加的指令一致，而该指令的目标示教点则是系统自动以机器人当前位置值创建一个未使用过的点。

若所有的示教点都被创建，则系统以 P＊作为新的示教点。通过菜单添加运动指令可改变下一条快速添加的运动指令插补方式。

② 运动指令插补方式的修改

修改运动指令插补方式，是指将 MOVJ 运动指令改成 MOVL 运动指令，将 MOVL 运动指令改成 MOVC 运动指令，将 MOVC 运动指令改成 MOVJ 运动指令。

如图5－1－102所示，要将第7行指令的插补方式修改成 MOVL，步骤如图5－1－103～图5－1－105所示。

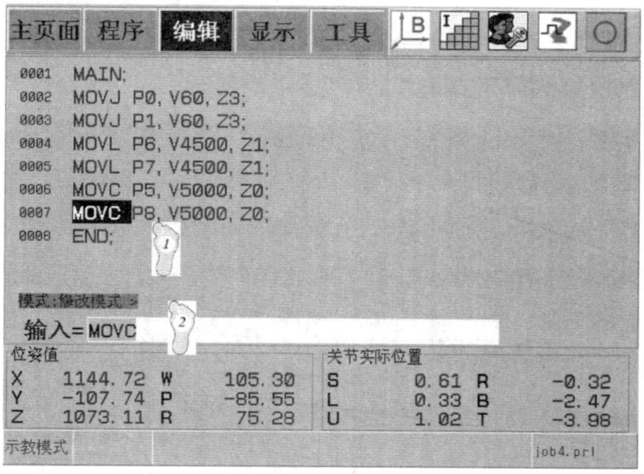

图 5－1－102

进入“修改模式”，将光标移动到 MOVC。

通过[使能开关]＋[修改]键，将 MOVC 修改为 MOVJ。

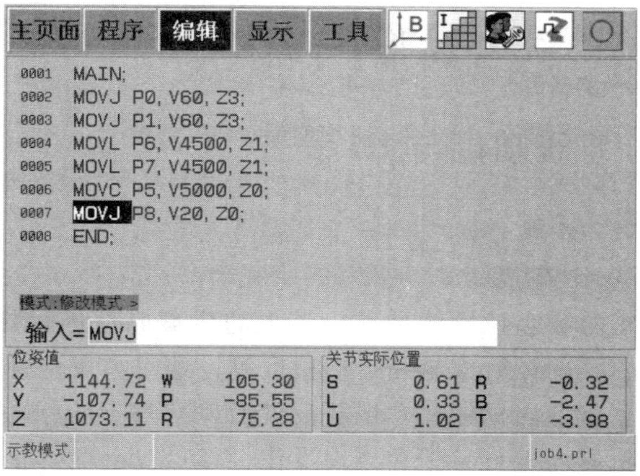

图 5－1－103

注意：系统快速插入的是 MOVL 运动指令，即修改运动指令的插补方式也会同时改变下一条快速插入运动指令的插补方式。

此时，系统将该指令的速度调整为默认值 V20，继续通过[使能开关]+[修改]键，将 MOVJ 修改成 MOVL，完成指令插补方式的修改，此时系统将该指令的速度调整为默认值 V100。

返回“一般模式”，继续通过[使能开关]+[输入]+[获取示教点]组合键，快速插入一条运动指令。

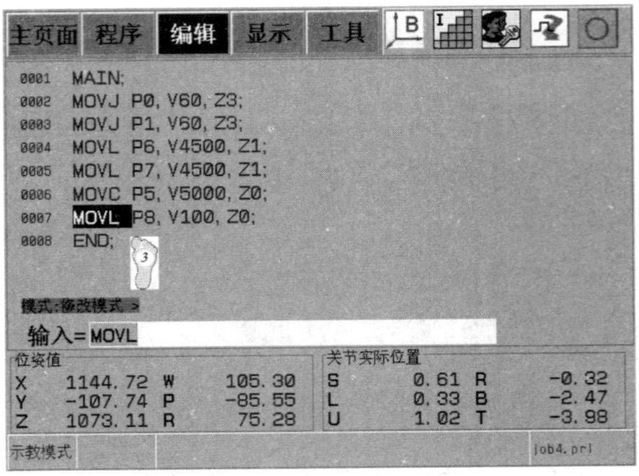

图 5-1-104

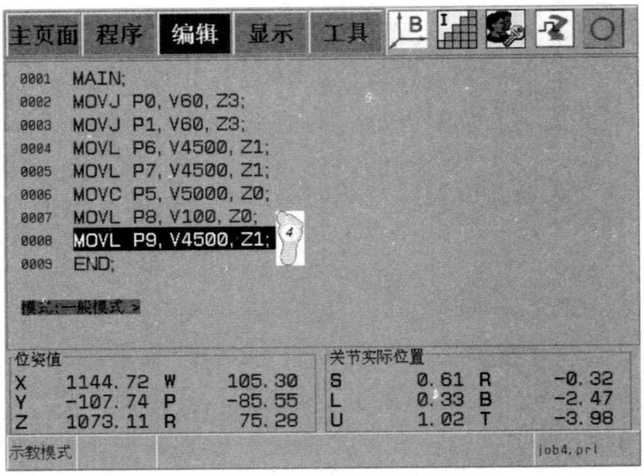

图 5-1-105

4. GSK 系统功能与 IO 设置

(1) 系统功能

1) 零点位置

设置绝对零点位置就是对机器人的机械原点进行位置校准，以确保机器人的运行安全和运动精度等。绝对零点位置设置是在出厂前根据机器人具体尺寸进行设置的，没有进行原点位置校准，不允许对机器人进行示教和再现操作，以防发生危险。

① 原点位置校准

原点位置校准是将机器人机械原点位置与电机绝对编码器的绝对值进行对照的操作，原点位置校准后，机器人机械原点位置与绝对编码器的绝对值数据是唯一对应的，即只有一组编码器的绝对值对应机器人机械原点位置。

下列情况下必须再次进行原点位置校准。

- 改变机器人与控制柜的组合时；
- 更换电机、绝对编码器时；
- 机器人碰撞工件或其它物体，原点位置偏移时。

② 机器人绝对零点位置的姿态

机器人绝对零点位置的姿态如图 5－1－106 所示。

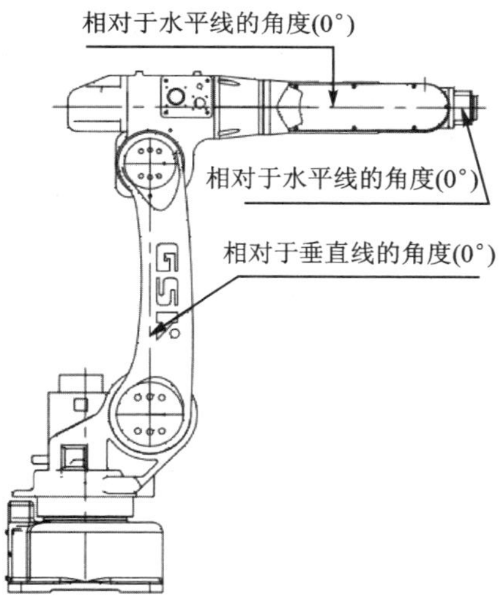

图 5－1－106

③ 绝对零点位置设置操作方法

第一步：使用“关节坐标系”，将机器人示教到图 5－1－106 所指定的位置。

第二步：进入{绝对零点}界面，读取机器人当前位置，并设置为新的零点位置，如图 5－1－107 所示。

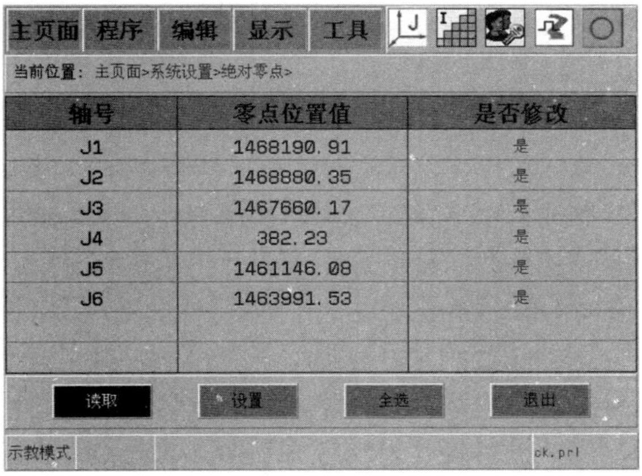

图 5－1－107

注意：绝对零点是一个重要的系统参数，不可随意修改。修改绝对零点时，请将机器人示教到如图 5-1-106 所示的位置，否则如果在运行程序文件时由于零点位置的偏差而引起机器人跑偏原本的路径，有引发设备碰撞或人身伤害事故的危险。

2）系统速度

系统速度功能是对主界面的速度档位 I、L、M、H、S 分别进行调整，另外还可以调节系统上电时的默认速度等级。

3）限速运行

系统设定为限速运行时，若以 MOVJ 插补方式时，程序文件中的速度不大于系统设定的限速值，若大于，则强制为限定的速度值。若以 MOVL、MOVC 插补方式时，则程序文件的速度值不大于系统配置的最大允许位置速度乘以限定速度的百分比（参数设置>运动参数>最大允许位置速度），若大于则强制为限速百分比和最大允许位置速度的乘积。

4）机械锁定

机械锁定主要用于测试程序运行的各种条件是否满足，系统运行时不对伺服发脉冲，尽管机器人位置值在变化，实际上机器人是不动的。

5）干涉区

干涉区是在相应坐标系的基础上设定的一个长方体区域，目前可在基坐标系和用户坐标系下设定干涉区，如果要在用户坐标系下建立干涉区，需要在建立相应用户坐标系后进行，如图 5-1-108 所示。

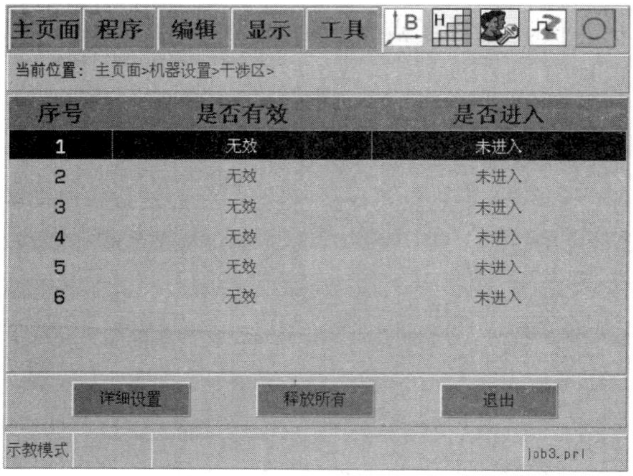

图 5-1-108

手动输入法：手动输入长方体坐标的最大值和最小值就可以确定一个长方体干涉区域，如图 5-1-109 所示。

干涉区设置界面内，当选择用户坐标系号后，在编辑框中输入两个顶点的坐标值。输入完成后，选择"设置"按钮，如图 5-1-110

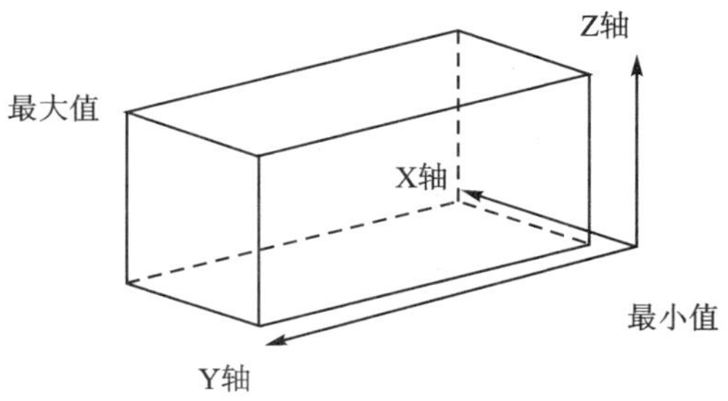

图 5 - 1 - 109

所示，即可完成干涉区的设置。

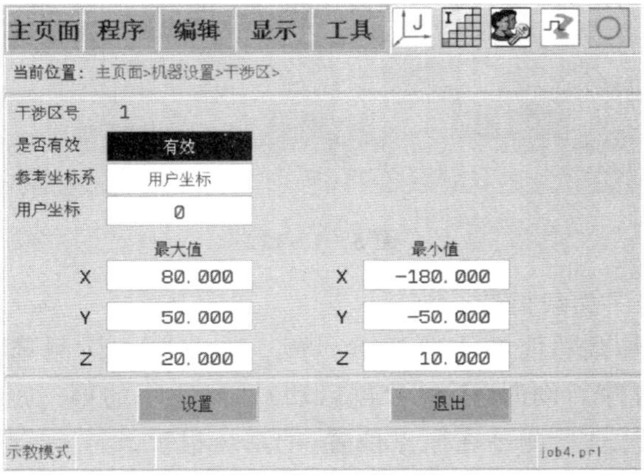

图 5 - 1 - 110

示教法：利用示教长方体对角线上位置为最大值和最小值两个顶点的方法也可以方便地设定长方体干涉区域。

先将光标移动到最大值的 X 或 Y 或 Z 处，将机器人移动至干涉区长方体的最大点，按下[获取示教点]键，然后将光标移动到最小值的 X 或 Y 或 Z 处，示教机器人到干涉区长方体的最小点，按下[获取示教点]键，这时两个顶点的坐标值已经被记录，选择“设置”按钮，即可使设定的长方体干涉区域生效。

6）软极限

软极限设置是指用户自己定义各个轴运动的角度范围，如图 5 - 1 - 111 及图 5 - 1 - 112 所示。示教过程中，如果某个轴运动至软极限设置的角度范围以外的话，会发生报警。

图 5 - 1 - 111

当用户操作机器人接近软极限时，系统会提示报警。此时机器人所有轴操作键都不能使机器人产生动作。须按[清除]键，状态显示区报警状态清除，切换到关节坐标系，轻轻按住[使能开关]，按与软极限限位方向相反的轴移动键，可退出软极限区域。

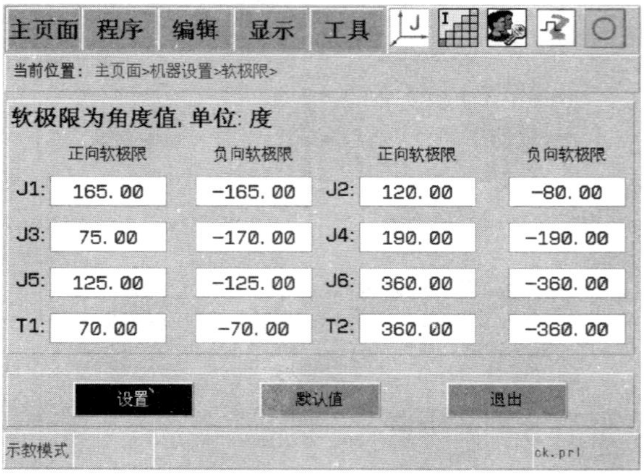

图 5-1-112

7）程序加载概述

程序加载功能在作业原点界面。作业原点检测选择 Enable 时，则在程序启动时（不包含再启动）检测程序的第一点是否在运动原点上。若检测不在原点位置，则系统报警。

① 再启动断点位置检查概述

再启动断点位置是由于系统发生停止或急停动作后，系统自动记录停止的位置。当手动移开进行轴键操作时，此时位置偏移原来记录的断点位置，若此时再启动断点位置检测设置为 Enable 时，系统会检测到位置异常并报警，这时需手动操作将系统移动到断点位置附件。断点位置信息可以通过“在线帮助”>“加工信息”查看。

② 再启动 I/O 仿真加载程序概述

再启动 I/O 仿真加载程序功能设置为 Enable 时，I/O 处在仿真状态允许加载程序，否则系统报警。

③ 再启动机械锁定不检测概述

再启动机械锁定不检测功能设置为 Enable 时，处在机械锁定时，系统允许加载程序，否则系统报警。

④ 再启动全局变量检测概述

再启动全局变量检测功能设置为 Enable 时，若系统所用到的全局变量发生改变，系统不允许加载程序并报警。

⑤ 再启动 I/O 状态检测概述

再启动 I/O 状态检测功能设置为 Enable 时，若系统所用到的 I/O 状态发生改变，系统不允许加载程序并报警。

⑥ 工具/用户坐标系检测概述

工具/用户坐标系系统检测是指当前运动点中包含的工具坐标系与用户坐标系与系统当前生效的工具或用户坐标系不一致，当系统设置工具/用户坐标系系统检测为 Enable 时，且检测到工具或用户坐标系不一致，系统不允许加载程序并报警。

(2) IO 配置

程序加载设置界面在主页面＞系统设置＞程序选择中。系统支持四种加载方式，分别是正常加载、RSR 加载、PNS 加载、DNC 加载。

运动原点检测概述：运动原点可以是程序的第一运动点，也可以是零点，或者用户可定义其他点。

组 IO 配置概述：IO 配置功能是指用户自定义各个组 IO 的配置来控制机器人控制系统的状态，以达到控制系统的功能。

1）组 IO 配置功能描述

用户可以根据自己的用途，通过组 IO 界面来配置最多 16 组的 IO 组。定义的 IO 组可在程序中使用，也可在组 IO 界面输入 IO 组的值，并且通过仿真输出来测试各个 IO 组的输出状态达到需要的目的。

2）系统专用 IO

① 系统专用 IO 概述

系统专用 IO 是机器人控制系统指定特殊用途的 IO。包含输入 IO(IN0～IN7)，输出 IO(OT0～OT7)。

② 系统专用 IO 定义

输入信号定义：

IN0——系统急停输入信号，低电平有效。

IN1——系统暂停输入信号。

IN2——系统启动输入信号(RSR 或 PNS 模式加载作为再启动按键继续运行程序)。

IN3——系统停止输入信号。

IN4——系统使能输入信号。

IN5——系统清除输入信号。

IN6——系统焊接应用有效输入信号。

IN7——系统回归作业原点输入信号。

输出信号定义：

OT0——系统急停输出信号。

OT1——系统暂停输出信号。

OT2——系统运行输出信号。

OT3——系统停止输出信号。

OT4——系统使能输出信号。

OT5——系统清除报警输出信号。

OT6——系统焊接应用有效输出信号。

OT7——系统回归作业原点输出信号。

3）用户自定义 IO

① 自定义输入概述

自定义输入功能是指用户自定义输入 I/O 端口来控制机器人控制系统，以达到外部控制系统的功能。

② 自定义输入功能描述

用户可以根据自己的用途，通过外部输入 I/O 让系统处于不同的状态。目前可定义的输入 I/O 状态有急停、停止、暂停、运行、伺服使能、报警、清除、回断点、回第二原点、回第三原点这 10 种输入状态。例如，可以将防碰撞开关接入系统的某个 I/O 端口，将此端口配置为急停，如果发生碰撞，系统检测到碰撞后的输入的 I/O 信号，则强制机器人控制系统紧急停止。具体配置请参考菜单说明里的自定义输入菜单介绍。

特别注意：自定义输入事件中的急停在示教、再现、远程模式均有效。暂停、运行、停止、伺服使能、报警、清除、回断点、回第二原点、回第三原点只有在再现，远程模式才有效。

③ 自定义输出概述

自定义输出功能是指机器人控制系统通过用户自定义的 I/O 端口输出当前机器人控制系统的状态，也可以用此信号来控制机器人外围设备。

④ 自定义输出功能描述

用户可以根据自己的用途，将当前机器人控制系统的状态输出到指定的 I/O 输出端口上。例如，机器人与外部设备连接时发生了紧急事件处于停止状态，此时必须让外部设备停止下来，可以通过自定义输出将急停状态关联到系统 I/O 输出口，用来控制外接设备的紧急停止。目前系统支持 12 种状态输出，分别为急停、停止、暂停、运行、使能、报警、回断点、回第二原点、回第三原点、示教模式、再现模式、远程模式。具体配置请参考菜单说明里面的自定义输出菜单介绍。

特别注意：自定义输出事件中的急停事件在示教、再现、远程模式均有效。停止、暂停、运行、使能、报警、回断点、回第二原点、回第三原点、示教模式、再现模式、远程模式只有在再现、远程模式才有效。

4）RSR 启动

① RSR 启动概述

机器人启动请求（RSR）从外部装置启动程序，该功能采用 8 个 IO 输入（IN8～IN15）作为启动信号来启动相对应 RSR 的 8 个文件的。

② RSR启动功能描述

要启动RSR功能需设置机器人的启动方式为RSR方式才可生效，处在无效的情况下，机器人的输入信号将不会启动RSR文件。RSR中可以记录8个RSR记录编号，在这些记录编号加上基本编号后的值就是程序编号。例如，在输入了RSR2的情况下，(程序编号)=(RSR2记录编号)+(基本编号)就成为程序编号，所以程序就成为以RSR+(程序编号)为名称的程序。IN8～IN15对应RSR1～RSR8的启动信号。

注意，系统运行时不能启动RSR功能文件，设置RSR功能有效必须保证RSR所占用的输出端口不被占用。另外程序编号的有效数值前面不能加0。系统能识别RSR1. prl程序，不能识别RSR01. prl或RSR0001. prl程序。

5）PNS启动

① PNS启动概述

程序编号选择(PNS)是从外部输入信号选择启动程序的一种功能。PNS程序编号通过8个输入信号(IN8～IN15)来指定。

② PNS启动功能描述

如{PNS启动}界面所显示，PNS启动输入端口占用了IN8～IN17，其中IN8～IN15为程序选择编号的输入组合端口，IN16为预约程序编号的输入端口，IN17为启动PNS程序的输入端口。PNS的程序编号为基本编号加上IN8～IN15的选择编号，系统将所接收的PNS1～8编号(IN8～IN15)输入信号变换为1、0进制数后的值就是PNS编号，再加上基本编号即为程序编号，所选择的程序就成为以PNS+程序编号为名称的程序。

如当IN8～IN15为10100000，即所对应的二进制为00000101(IN15为最高位)，十进制数为5，所以PNS编号为5，即程序名称为PNS5。

③ PNS启动操作步骤

a. 在{程序选择}界面设置启动方式为PNS启动。

b. 在{PNS启动}界面设置PNS有效，注意PNS所占用的IO端口不能被其他功能占用。

c. 输入IN16和IN8～IN15的输入信号选择程序。

d. 输入IN17启动所选择的PNS程序。

注意：系统运行时不能启动PNS功能文件，设置PNS功能有效必须保证PNS所占用的输出端口不被占用。另外，程序编号的有效数值前面不能加0。系统能识别PNS1. prl程序，不能识别PNS01. prl或PNS0001. prl程序。

6）再启动（续点运行）

再启动功能是指外界因素或系统自身因素使系统处于急停、暂停或报警状态时，若外界因素和自身因素解除之后，系统本身在未切换模式的情况下能续点运行。

a. 再启动中的再引弧若系统有焊接功能，在焊接过程中因人为因素或外界因素使系统处于急停或停止状态，比如焊接过程中保护气体用完，需要更换，在未进行切换模式的情况下按下[急停]键，更换完气体解除急停，则可进行再引弧，继续进行之前的焊接工作。

b. 再启动功能包含任意行启动运行，将光标移动到所要运行行，上使能，按下[启动]键，则系统根据光标当前所在行开始运行。

c. 再启动中运行到程序末行时，按住[启动]键，则可自动跳到程序开始第一行执行。

d. 再启动也针对发生急停情况停止后，只要程序光标未进行切换，即使手动移开操作，在处理紧急事件完成后，将轴操作到原来位置附近，也可以进行再启动，此时最好打开再启动运行程序检查，用于确认是否都回到断点位置附近。

特别注意：目前焊接寻位、电弧传感、激光寻位不支持再启动。续点运行时最好进行运行程序检查，检查系统变量、IO 状态、断点位置是否与之前的状态一致。

任务 2　GSK 机器人基本操作与 TCP、WCP 设置

1. GSK 机器人手动操作

(1) GSK 机器人关节运动

将[模式选择]键选择“示教”模式，通过[坐标设定]键，切换系统的动作坐标系为关节坐标系，按下[使能开关]键，通过轴操作键可使机器人在各个轴的轴方向转动。例如：

按下[X＋/J1＋]键，机器人第一关节按图 5-2-1 中 J1＋的方向转动；

按下[X－/J1－]键，机器人第一关节按图 5-2-1 中 J1＋的反方向转动；

按下[B＋/J5＋]键，机器人第五关节按图 5-2-1 中 J5＋的方向转动；

按下[B－/J5－]键，机器人第五关节按图 5-2-1 中 J5＋的反方向转动。

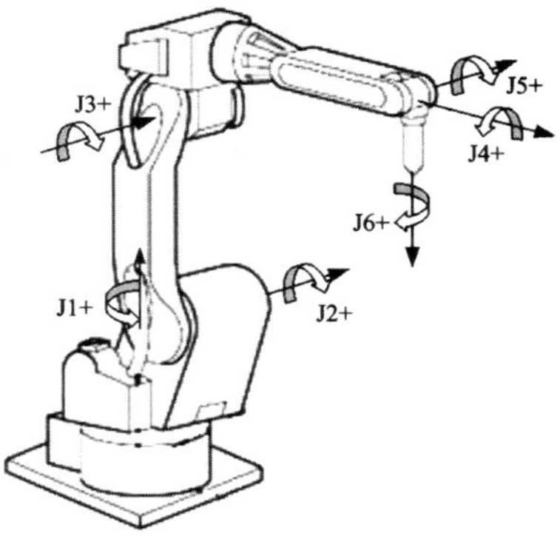

图 5 - 2 - 1

其他轴操作键类似，[Y+/J2+]（Y-/J2-）键对应的运动方向为图 5 - 2 - 1 中的 J2+（反）方向，[Z+/J3+]（Z-/J3-）键对应的运动方向为图 5 - 2 - 1 中的 J3+（反）方向，[A+/J4+]（A-/J4-）键对应的运动方向为图 5 - 2 - 1 中的 J4+（反）方向，[C+/J6+]（C-/J6-）键对应的运动方向为图 5 - 2 - 1 中的 J6+（反）方向。

在示教模式下，当系统坐标系为关节坐标系时，通过[使能开关]键+轴操作键，可使机器人在该轴操作键对应的方向运动。在{主页面}中，位置显示区的“关节实际位置”显示了当前机器人各个关节的角度值。

（2）GSK 机器人线性运动

将[模式选择]键选择“示教模式”，通过[坐标设定]键，切换系统的动作坐标系为基坐标系（也称直角坐标系），按下[使能开关]键，通过轴操作键，可使得机器人控制端点 TCP 在基坐标系各个轴的方向移动。例如：

按下[X+/J1+]键，机器人控制端点 TCP 按图 5 - 2 - 2 中 X 轴的方向移动；

按下[X-/J1-]键，机器人控制端点 TCP 按图 5 - 2 - 2 中 X 轴的反方向移动；

按下[B+/J5+]键，机器人控制端点 TCP 绕图 5 - 2 - 2 中 Y 轴正方向逆时针进行转动；

按下[B-/J5-]键，机器人控制端点 TCP 绕图 5 - 2 - 2 中 Y 轴负方向逆时针进行转动；

其他轴操作键类似，[Y+/J2+]（[Y-/J2-]）键对应的运动方向为图 5 - 2 - 2 中的 Y 轴（反）方向，[Z+/J3+]（[Z-/J3-]）键对应的运动方向为图 5 - 2 - 2 中的 Z 轴（反）方向，[A+/J4+]（[A-/J4-]）键对应的运动方向为围绕图 5 - 2 - 2 中的 X 轴正

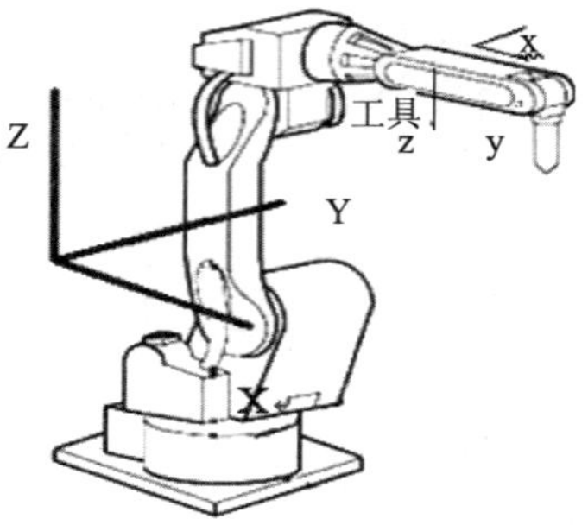

图 5-2-2

(反)逆时针旋转方向,[C+/J6+]([C−/J6−])键对应的运动方向为围绕图 5-2-2 中的 Z 轴正(反)逆时针旋转方向。

在示教模式下,当系统坐标系为直角坐标系时,通过[使能开关]键+轴操作键,可使得机器人在该轴操作键对应的方向运动。在{主页面}中,位置显示区的“位姿值”显示了当前机器人控制端点 TCP 在直角坐标系下的位置值和姿态值。

2. GSK 机器人 TCP 设置与操作技巧

(1) 工具坐标系

工具坐标系(见图 5-2-3)把机器人腕部法兰盘所持工具的有效方向作为 Z 轴,并把坐标系原点定义在工具的尖端点。在工具坐标系未定义时,系统自动采用默认的工具,这时工具坐标系与手腕法兰盘处的手腕坐标系重合。当机器人跟踪笛卡尔空间某路径时,必须正确定义工具坐标系。在机器人示教移动过程中,若所选坐标系为工具坐标系,则机器人将沿工具坐标系坐标轴方向移动或者绕坐标轴旋转。当绕坐标轴旋转时,工具坐标系的原点位置将保持不变,这叫作控制点不变的操作。在直角坐标系及用户坐标系中也可实现类似的动作。此方法可用于校核工具坐标系,若在转动过程中工具坐标系原点移动,则说明工具坐标系参数错误或误差较大,需要重新标定或设置工具坐标系。

(2) 工具坐标系设定

[模式选择]键选择“示教模式”,通过[坐标设定]键,切换系统的动作坐标系为工具坐标系,按下[使能开关]键,通过轴操作键可使机器人控制端点 TCP 在工具标系各个轴的方向移动,与直角坐标系下的轴操作键类似,但参考的坐标系不同。

1) 直接输入法

在已知工具尺寸等详细参数时,可使用直接输入法,进入“直接输入法设置工具坐标”界面,输入相应项的值即可完成工具坐标系的设定。具体操作请查阅“直接输入法设置工具坐标”界面。

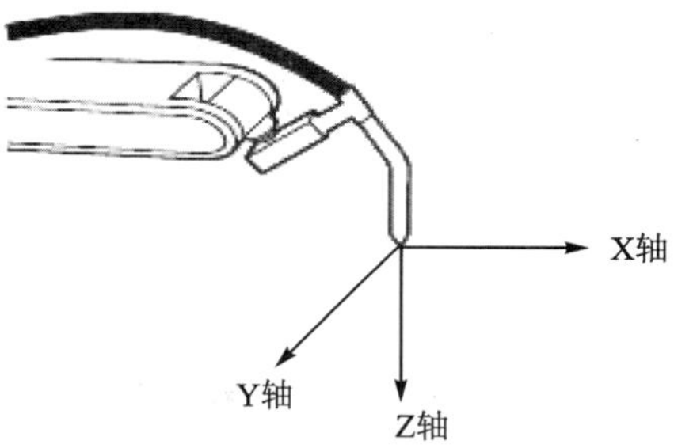

图 5 - 2 - 3

2）三点法

在工具参数未知的情况下，可以采用三点法来进行工具坐标系的设定。

第一步：进入工具坐标三点法设置界面。

第二步：将工具中心点分别以三个方向靠近参考点，按下[获取示教点]键记录三个原点，这三个原点的值用于计算工具中心点的位置。按下[获取示教点]后，相应的界面会显示当前的坐标值，为取得更好地计算结果，三个方向最好相差 90°且不能在一个平面上，如图 5 - 2 - 4～图 5 - 2 - 6 所示，其中图 5 - 2 - 4 所示为原点一，图 5 - 2 - 5 所示为原点二，图 5 - 2 - 6 所示为原点三。

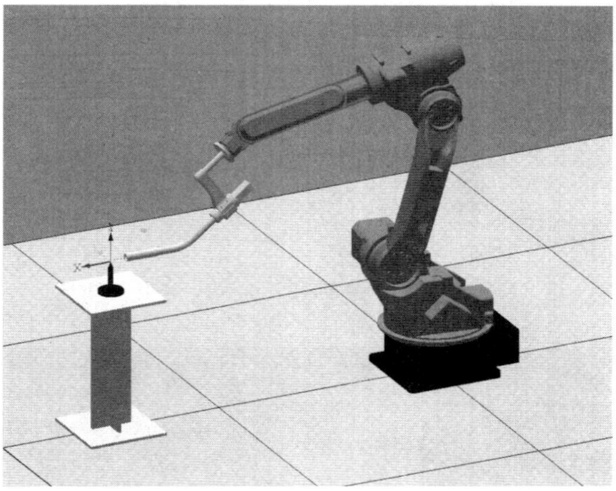

图 5 - 2 - 4

第三步：取点过程中如果出现取点错误可以重新取点，如图 5 - 2 - 7 所示。

第四步：选择“设置”按钮，完成工具坐标的五点法设定。

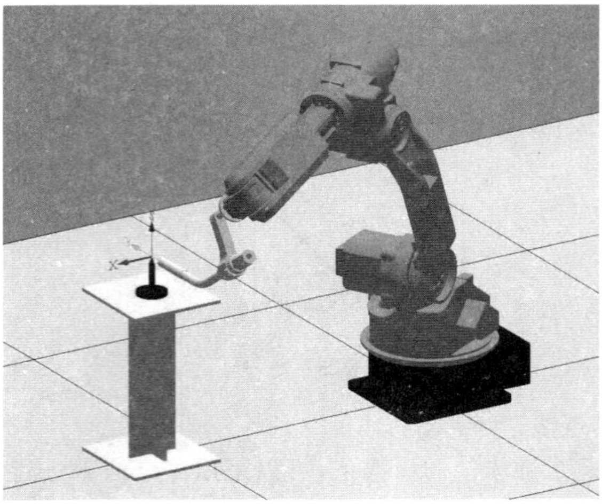

图 5－2－5

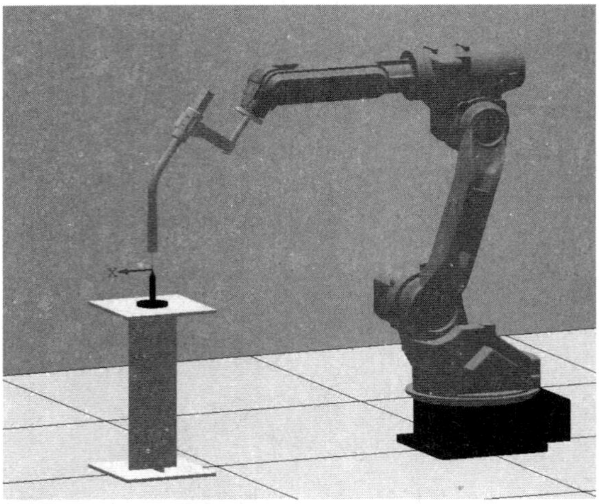

图 5－2－6

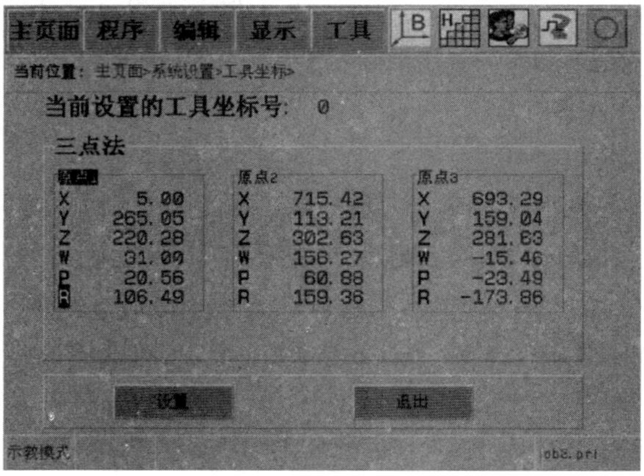

图 5－2－7

3）五点法

在工具参数未知的情况下，也可以采用五点法来进行工具坐标系的设定。五点法中，需要获取三个原点和两个方向点。

第一步：进入工具坐标五点法设置界面。

第二步：五点法中，需要取三个原点和两个方向点。移动机器人到三个原点，按下［获取示教点］键，示教机器人沿用户设定的＋X方向移动至少250 mm；按下［获取示教点］键，示教机器人沿用户设定的＋Z方向至少移动250 mm；按下［获取示教点］键，记录完成。三个原点姿态可参考上文三点法的原点。两个方向点的取法可参考图5－2－8（＋X方向）及图5－2－9（＋Z方向）。

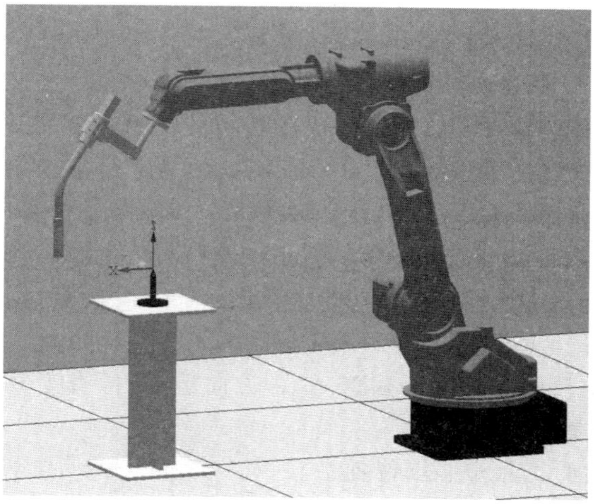

图5－2－8

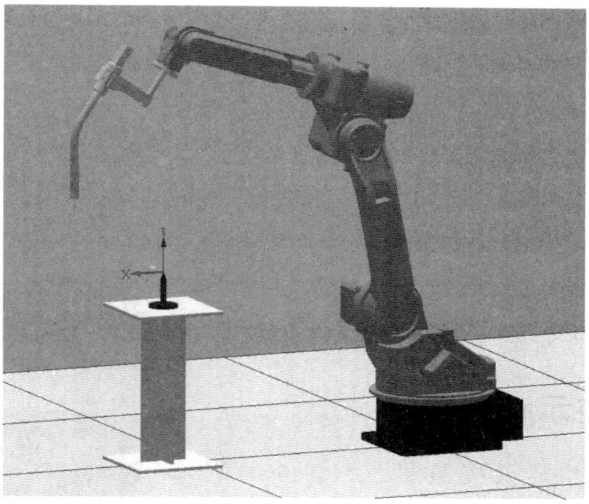

图5－2－9

第三步：取点过程中如果出现取点错误可以重新取点，如

图 5－2－10 所示。

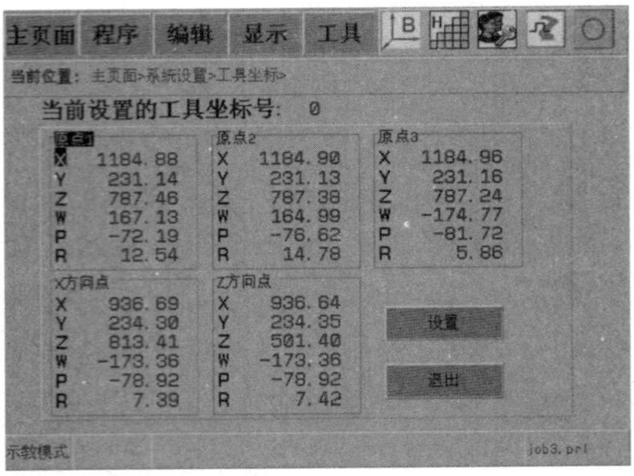

图 5－2－10

第四步：选择【设置】按钮，完成工具坐标的五点法设定。

(3) 工具坐标检验

工具坐标系设定完成，退出工具坐标设置界面后立即生效，可以对其进行检验，具体步骤如下：

1）检验 XYZ 方向

a. 按[坐标设定]键，切换坐标系为工具坐标系。

b. 示教机器人分别沿 X、Y、Z 方向运动，检查工具坐标系的方向设定是否符合要求。

2）检验工具中心点位置。

a. 按[坐标设定]键，切换坐标系到直角坐标系或工具坐标系。

b. 移动机器人对准基准点，示教机器人绕 X、Y、Z 轴旋转，检查 TCP 点的位置是否符合要求。

任务 3　GSK 机器人轨迹编程与操作

1. GSK 程序的建立

GSK 程序的建立如图 5－3－1～图 5－3－5 所示。

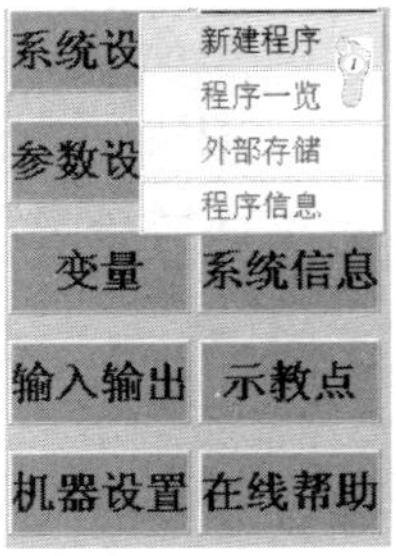

图 5－3－1

2. 轨迹示教编程

要求机器人按照图 5－3－6 中所示的轨迹 P0→P1→P2→P3→P4→P0 进行运动，首先要新建一个程序，如图 5－3－7 所示。

按[TAB]键和左右方向键，将光标切换到{程序管理}菜单上，按[选择]键会显示新建程序、程序一览和外部存储菜单。

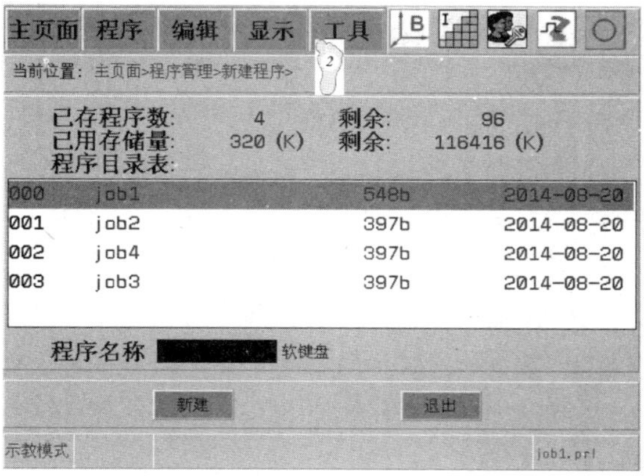

图5－3－2

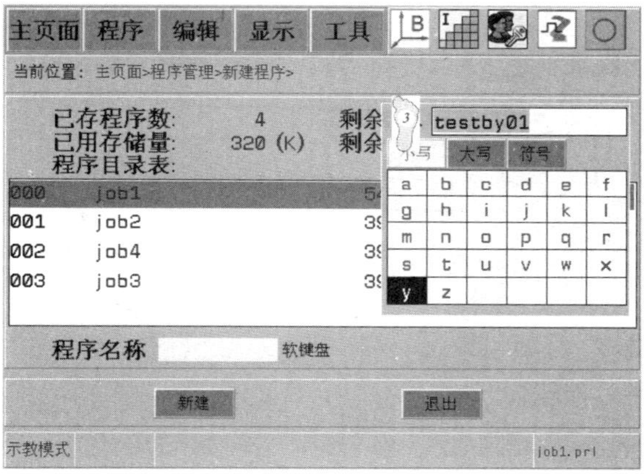

图5－3－3

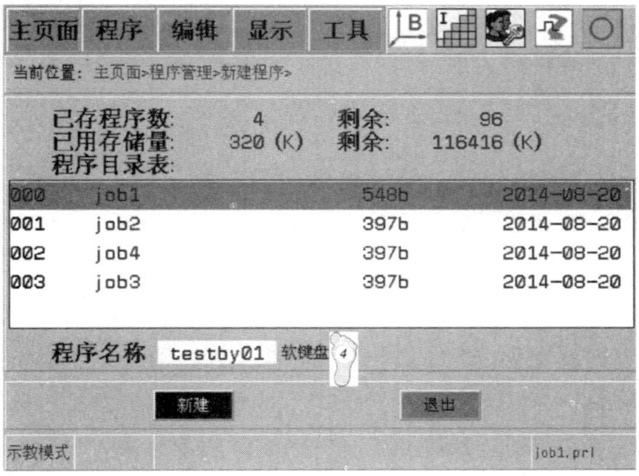

图5－3－4

2 通过按上下方向键选择{新建程序}，按[选择]键进入新建程序界面。

3 进入新建程序界面后，按[TAB]键切换光标到程序名称输入框中，然后按下[选择]键，界面会弹出软键盘对话框界面。输入testby01字符串作为程序名。

4 文件名称输入完成后，按[输入]键退出{软键盘}界面。若发现输入不对时，[退格]键可以一次清除当前输入的程序名称。

在上图中，按[TAB]键切换光标到“新建”按钮上，按[选择]键完成文件名称的新建，同时进入编辑界面。

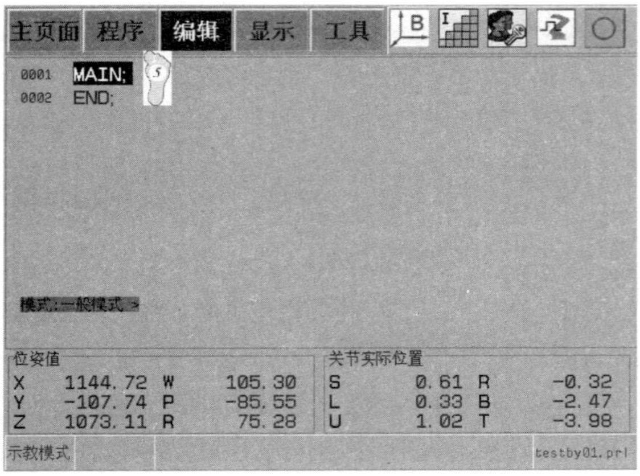

图 5-3-5

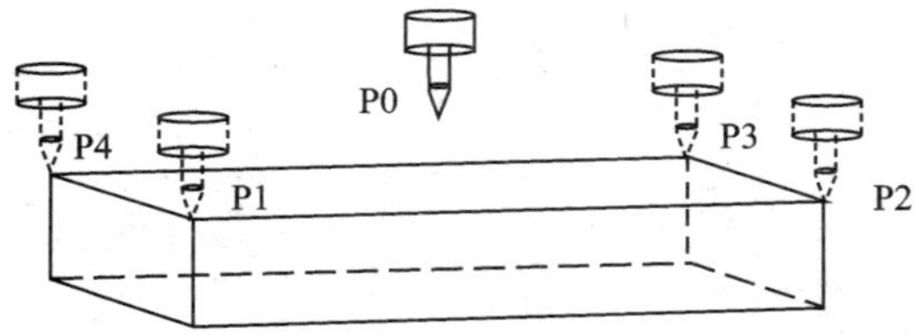

图 5-3-6

以“新建程序”章节的步骤，新建一个程序，程序名为 job1，进入{编辑}界面。

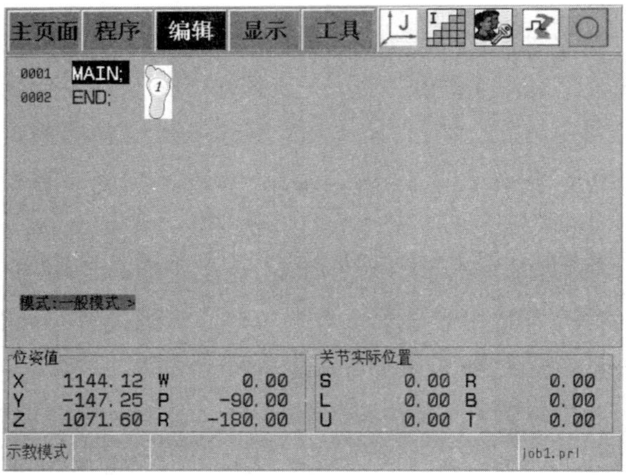

图 5-3-7

按照“示教操作”的步骤，将机器人示教到工作台的附近点 P0 处，如图 5-3-8～图 5-3-15 所示。

因图 5-3-6 中的四个点 P1、P2、P3、P4 是长方形平面上的点，因此在直角坐标系下示教机器人更加方便，只需在 X，Y 平面上移动机器人即可。通过[坐标设定]键，将系统坐标切换到“直角坐标系”，如图 5-3-14 所示。

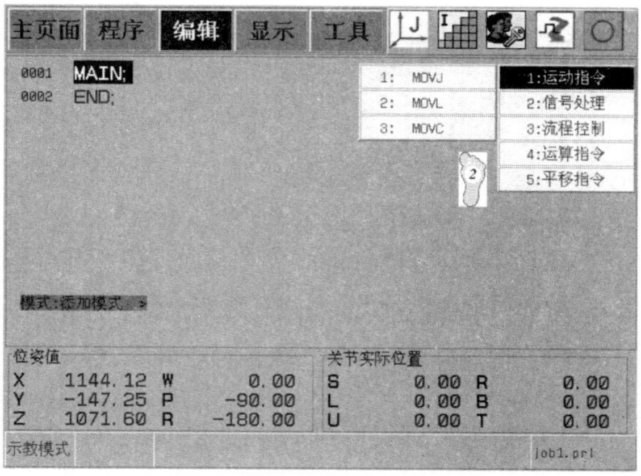

图 5－3－8

②按［添加］键，打开指令菜单。

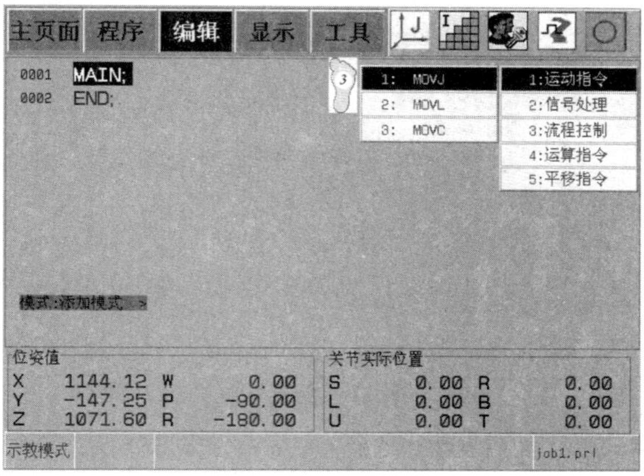

图 5－3－9

③将光标移动到 MOVJ 指令。

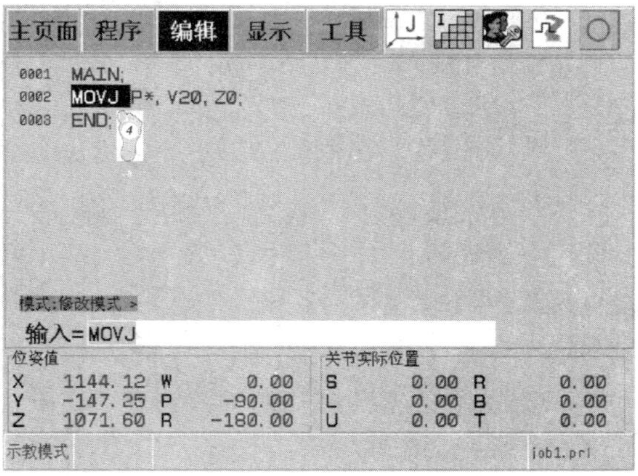

图 5－3－10

④按［选择］＋［使能开关］键，将 MOVJ 指令添加到程序中。

5 通过左右方向键，将光标移动到 MOVJ 指令的“P＊”处，此时 P＊代表一个示教点，它自动记录下了机器人当前所在的位置，即图 5－3－6 中的 P0 点。

6 通过数值键，输入 0。

注意：按[输入]键，即可将 P＊改成 P0.。此时只是修改了示教点的编号，而此时该文件并没有创建过 P0 点，因此系统会将 P＊的点值赋予 P0，此时指令中的 P0 同样记录示意图中 P0 点。

7 将机器人示教到示意图中的 P1 点处，按[添加]键，添加 MOVJ 指令到程序中

8 将 MOVJ 指令的 P＊改成 P1，此时 P1 同样记录中机器人 TCP 当前所在的位置值，即示意图中的 P1 点。

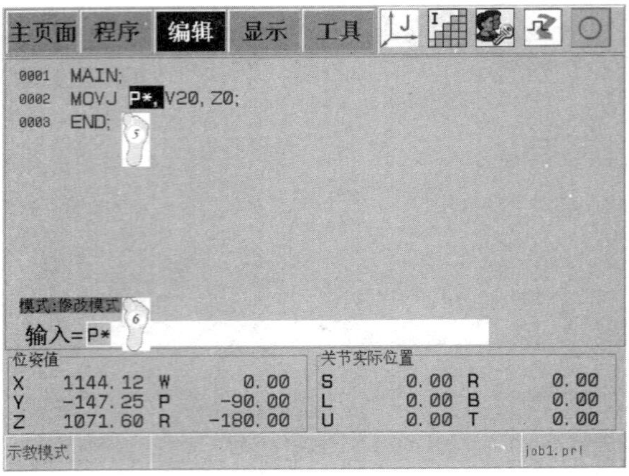

图 5－3－11

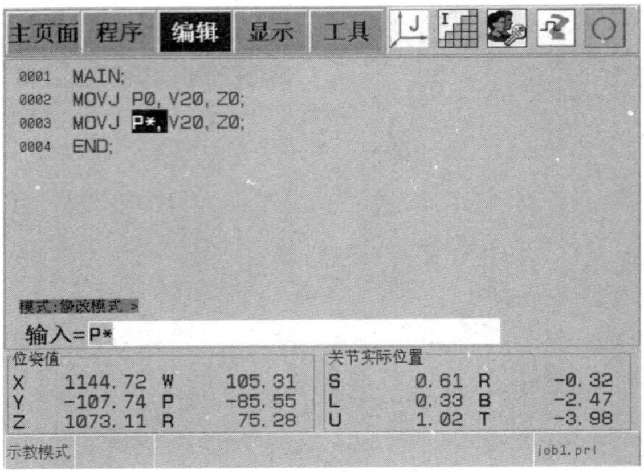

图 5－3－12

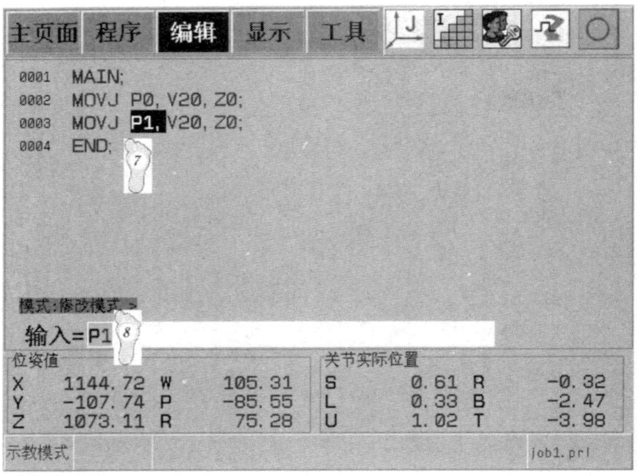

图 5－3－13

注意：当机器人处于图 5－3－6 中 P4 点处，还需要让机器人

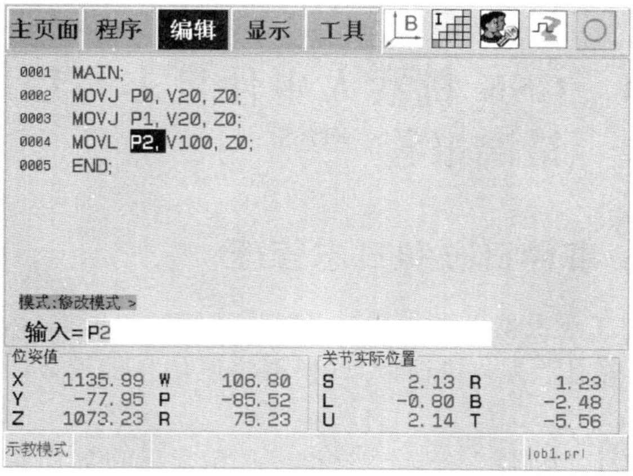

图 5－3－14

从 P4 点运动到 P0 点处，但此时也可无须示教移动机器人到图 5－3－6 中 P0 点处，只需再添加一条 MOVJ 指令，并将 P＊改成 P0，此时系统出现提示“P0 点已存在，是否将 P＊的位置值赋予 P0?”，如图 5－3－15 所示。

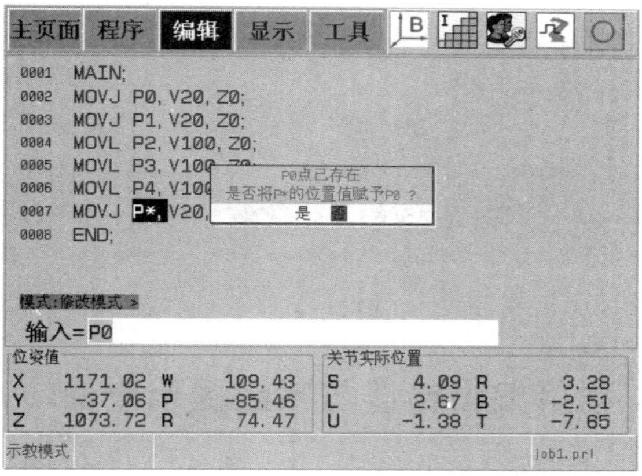

图 5－3－15

因为此时的 P＊点记录的是机器人当前的位置点，即图 5－3－6 中的 P4 点，现在将 P＊点修改成 P0 点，而 P0 点已经存在值（记录了示意图中 P0 点的位置），因此系统需要询问，是否要更改示教点 P0 点的值，若选择了“是”，则 P0 点所记录的位置不在图中 P0 处的位置了，而是机器人 P＊所代表的位置；若选择了“否”，则 P0 的值不变，依然记录着图中 P0 点的位置。这里选择“否”，即该条指令只是引用已经出现过的示教点 P0，而无需再次将机器人示教到图中 P0 点处。

当整个程序已经编辑完成，该文件中的指令记录了所有工作所需要的示教点，机器人将顺序执行程序中的指令，即完成了工作的轨迹要求，以 P0→P1→P2→P3→P4→P0 的顺序进行运动。

任务 4　GSK 机器人事件日志与程序编辑错误报警

1. GSK 事件日志和日志管理

GSK 工业机器人操作系统设置了系统的报警提示，操作者可以根据报警提示查找错误信息，根据错误信息提示采取相应操作解除报警。

GSK 工业机器人操作系统报警提示显示在界面右下角示教模式状态处，如图 5－4－1 所示。

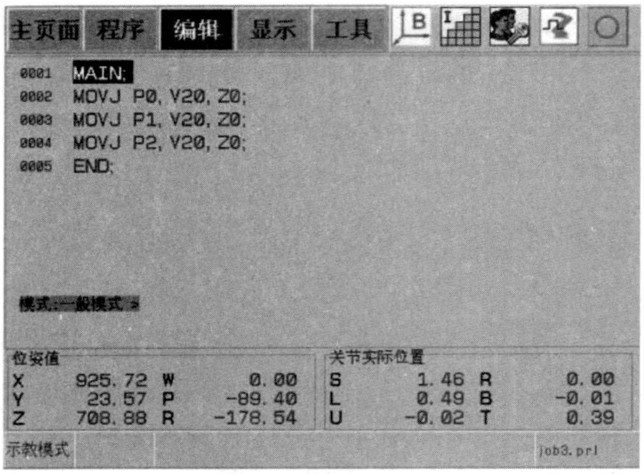

图 5－4－1

2. GSK 程序编辑错误与系统提示查询

GSK 工业机器人操作系统设置了系统的报警提示，可根据系统提示对应查找报警信息中的相应解决办法，解除系统报警，纠正错误操作，常用报警信息及处理方法见表 5－4－1。

表 5－4－1　常用报警信息及处理方法

报警号	内　容	原　因	解决方法
3000001	Link 通讯错误	总线环路断开	1. 检查电柜急停是否按下，如是则重新拔起，总线连同后按下清除键即可清除该报警； 2. 检查连接各驱动的网线是否连通，重新插好网线观察总线是否连上，否则考虑更换网线

续表 5－4－1

报警号	内　容	原　因	解决方法
3000008	通讯数据异常	电柜及听话按下/关节值突变	1. 查看电柜“急停”按钮是否被按下，是则重新拔起； 2. 检查编码器数据是否异常
2200031	GskLink 连接超时	总线环路断连接异常	检查线路是否接触不良
2200034	HMI 与 SER 通讯异常	HMI 与 SER 通讯超时断开	1. 连接电缆接触不良； 2. PC 机软件配置错误
2200037	获取伺服参数超时	启动时获取伺服参数超时	检查 GskLink 连接线是否接触不良
22024003	机器人与 DEVICENET 设备 I/O 通讯超时	机器人与焊机 I/O 通信超时	1. 检查机器人与焊机之间通信电缆是否正常； 2. 焊机电源是否异常关机； 3. 是否存在强干扰
2204007	机器人与 DEVICENET 设备 UCMM 通讯超时	机器人与焊机 UCMM 通信错误	关机重新启动后再进行连接
2204100	DEVICENET 设备通讯超时报警	机器人与焊机间通信时未响应	1. 检查通信电缆； 2. 减少设备间的干扰
2204111	DEVICENET 设备故障	机器人接收到焊机故障信号出现报警	排除焊机故障并重新启动
2420036	主电源掉电	主电源掉电	排除故障后重新上电
2300006	急停报警	急停开关被按下	1. 查看示教盒急停是否按下，是则重新复位“急停”按钮； 2. 查看系统 I/O，IN0 是否处于高电平

续表 5-4-1

报警号	内　容	原　因	解决方法
2003002	J3 奇异状态	用 MOVL 或 MOVC 指令时机器人目标点经过（第二轴与第三轴接近形成一条线）的地方	1. 考虑是否能可用 MOVJ 替代 MOVL/MOVC（MOVJ 运行时不存在奇异状态）； 2. 重新正确取点
2003003	J5 奇异状态	用 MOVL 或 MOVC 指令时机器人目标点经过（第五轴与第四轴接近形成一条直线）的地方	
2003010	电机转角和关节值超差	电机实际位置与控制系统位置差值过大	1. 排除电机故障； 2. 检查上电时序是否符合规范
2400003	轴精度与电子齿轮比不匹配	参数匹配错误	轴精度参数与伺服电子齿轮比参数匹配有误，联系厂家
2004000	J1 轴速度超限	当前速度超过电机设置的最高转速	适当降低机器人运行速度
2004001	J2 轴速度超限		
2004002	J3 轴速度超限		
2004003	J4 轴速度超限		
2004004	J5 轴速度超限		
2004005	J6 轴速度超限		
2004006	T1 轴速度超限		
2004007	T2 轴速度超限		

续表 5-4-1

报警号	内　容	原　因	解决方法
2006001	J1＋软限位	机器人运动范围超过J1＋方向设定的软限位值	手动清除报警后，关节坐标下单轴J1－方向低速运动
2006002	J2＋软限位	机器人运动范围超过J2＋方向设定的软限位值	手动清除报警后，关节坐标下单轴J2－方向低速运动
2006003	J3＋软限位	机器人运动范围超过J3＋方向设定的软限位值	手动清除报警后，关节坐标下单轴J3－方向低速运动
2006004	J4＋软限位	机器人运动范围超过J4＋方向设定的软限位值	手动清除报警后，关节坐标下单轴J4－方向低速运动
2006005	J5＋软限位	机器人运动范围超过J5＋方向设定的软限位值	手动清除报警后，关节坐标下单轴J5－方向低速运动
2006006	J6＋软限位	机器人运动范围超过J6＋方向设定的软限位值	手动清除报警后，关节坐标下单轴J6－方向低速运动
2006007	T1＋软限位	机器人运动范围超过T1＋方向设定的软限位值	手动清除报警后，关节坐标下单轴T1－方向低速运动
2006008	T2＋软限位	机器人运动范围超过T1＋方向设定的软限位值	手动清除报警后，关节坐标下单轴T2－方向低速运动

续表 5-4-1

报警号	内　容	原　因	解决方法
2006021	J1－软限位	机器人运动范围超过J1－方向设定的软限位值	手动清除报警后，关节坐标下单轴J1＋方向低速运动
2006022	J2－软限位	机器人运动范围超过J2－方向设定的软限位值	手动清除报警后，关节坐标下单轴J2＋方向低速运动
2006023	J3－软限位	机器人运动范围超过J3－方向设定的软限位值	手动清除报警后，关节坐标下单轴J3＋方向低速运动
6006024	J4－软限位	机器人运动范围超过J4－方向设定的软限位值	手动清除报警后，关节坐标下单轴J4＋方向低速运动
2006025	J5－软限位	机器人运动范围超过 J5－方向设定的软限位值	手动清除报警后，关节坐标下单轴J5＋方向低速运动
2006026	J6－软限位	机器人运动范围超过J6－方向设定的软限位值	机器人运动范围超过 J6－方向设定的软限位值
2006027	T1－软限位	机器人运动范围超过T1－方向设定的软限位值	机器人运动范围超过 T1－方向设定的软限位值
6006028	T2－软限位	机器人运动范围超过T2－方向设定的软限位值	机器人运动范围超过 T2－方向设定的软限位值
3009001	机器人零点异常		

续表 5 - 4 - 1

报警号	内　容	原　因	解决方法
1100046	两点不构成圆弧	编程格式错误	正确编程（三点才能构成一段圆弧）
2001000	输入运动参数有误	运行程序时，运动过程中系统检测到当前速度超过“运动参数”	1. 降低程序速度 2. 适当增大运动参数中“最大允许位置速度”“最大允许姿态速度”的值
1100017	平移指令不配对	指令运用不匹配	按说明书格式要求正确编写平移指令
1100052	此端口被占用	I/O 端口被占用	检查此 I/O 端口是否被占用，合理分配使用 I/O 端口
2204202	焊接引弧未成功	机器人检测到没有正常引弧	1. 焊接电缆接触不良 2. 焊接母材有油污、铁锈或不易导电 3. 引弧检测时间设置较短
1100202	引弧指令不匹配	没有选择匹配的引弧指令（检测到缺少息弧指令）	选择匹配的引弧指令（焊接区间是否息弧指令）
1100208	没有打开焊机	没有执行焊机打开指令	执行焊机打开指令

思考实践

1. 使用 GSK 机器人示教盒新建以 GSK66 命名的程序，并把该程序备份（复制）至 U 盘。

2. 在新建 GSK66 程序中手动编写出一个三角形与一个圆形的轨迹，并能正确运行该程序（要求：三角形与圆形之间需要添加 100 mm 的安全点与等待 2 s）。

3. 如何解决 GSK 机器人超出软限位、机器人通讯异常等报警？

项目 6　RobotAssist 离线仿真在典型工作站构建中的应用

学习目标

1. 轨迹离线编程与仿真
2. 喷枪的喷漆离线编程与仿真

应知学习

1. RobotAssist 离线轨迹的设计、导入与仿真调试
2. RobotAssist 离线轨迹的生成及后处理导出
3. RobotAssist 喷涂工作站组件的导入与喷涂参数的设置

应会训练

1. 掌握 RobotAssist 离线轨迹的生成和导入
2. 掌握 RobotAssist 轨迹编程涉及工作站组件的导入
3. 掌握 RobotAssist 喷涂工作站系统参数的设置
4. 掌握 RobotAssist 喷涂工作站工件坐标系和工具坐标系的设置及轨迹编辑
5. 掌握 RobotAssist 喷涂轨迹的生成及后处理的导出

任务 1　轨迹离线编程与仿真

1. 轨迹工作站组件设计与导入

RobotAssist 离线编程仿真软件是一款兼容性很好的工业机器人离线编程仿真软件，鉴于现在 CAD、CAM 软件比较成熟，而且相对比较普及，RobotAssist 就没有在绘图、建模和轨迹编辑等传统 CAD、CAM 功能方面进行过多的开发，而是将开发重点放于机器人轨迹生成、轨迹修正和轨迹监测等功能上，这样设计不仅可以减小使用者的操作难度，同时也可利用之前所学知识，操作简便、上手快。

Robot Assist 写字案例（上）

(1) 轨迹编程涉及的工作站组件的设计

轨迹编程涉及的工作站组件要在其他 CAD、CAM 软件上建模并保存，如图 6－1－1 所示。

图 6－1－1

①保存在 robotassist release\模型的目录下。

(2) 轨迹编程涉及的工作站组件的导入

在 robotassist release\模型的目录下进行轨迹编程涉及的工作站组件模型的导入，如图 6－1－2 所示。

2. 离线轨迹设计导入

轨迹编程涉及的工作站组件的搭建都是为了辅助离线编程与仿真，当然在实际操作中，为了操作简便、快捷，也可只搭建离线编程所需要的轨迹模型，搭建后直接生成轨迹导入 Robotassist 软件中仿真离线程序，并生成工业机器人轨迹程序导出。

选择“导入模型”命令。

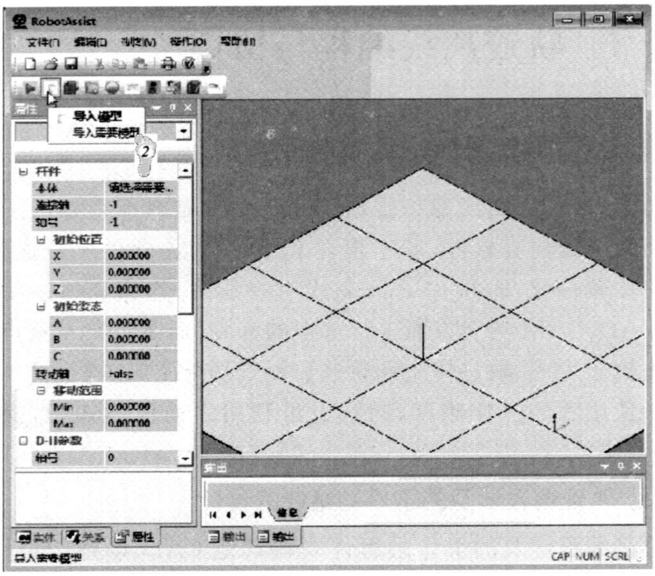

图 6-1-2

但此操作不能最大限度地达到实现虚拟现实的效果，在现实生产中有的设备可能会对轨迹产生干涉，如果工作站组件搭建中没有考虑这一点，工业机器人虚拟仿真的时候就不能反映生产现场真实的环境。

(1) 轨迹的生成

轨迹生成时需要借助其他 CAD、CAM 软件进行建模。轨迹生成设计一般有以下几步：

1）生成轨迹

借助绘图、建模和轨迹编辑等传统 CAD、CAM 软件完成轨迹的生成，如图 6-1-3 所示。

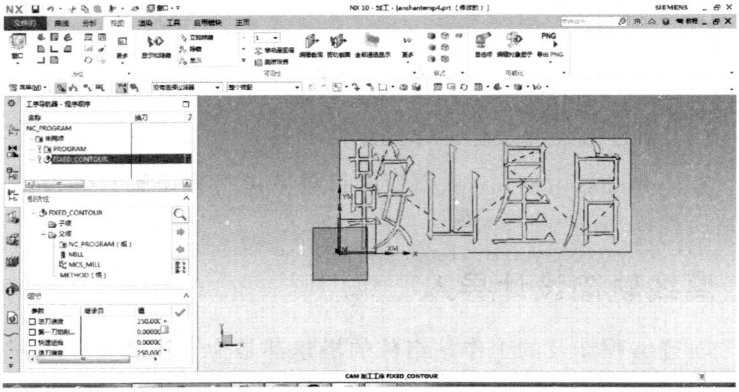

图 6-1-3

2）导出轨迹

完成的轨迹通过对应的 RobotAssist 后处理文件，生成复合工业机器人程序结构的轨迹后处理文件，如图 6－1－4 所示。

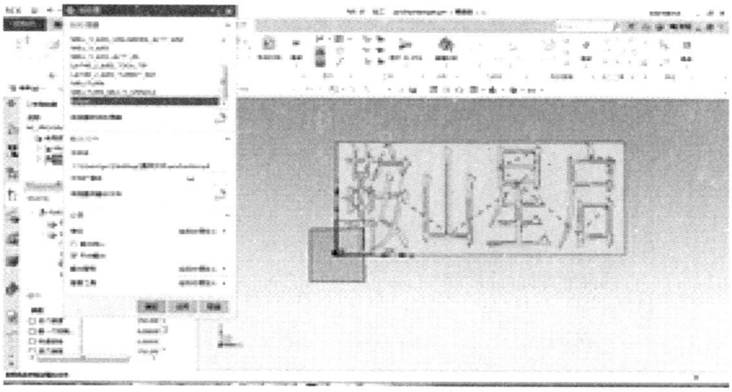

图 6－1－4

3）后处理 NC 程序的处理

生成的 NC 后处理文件可以用记事本打开，如图 6－1－5 所示。

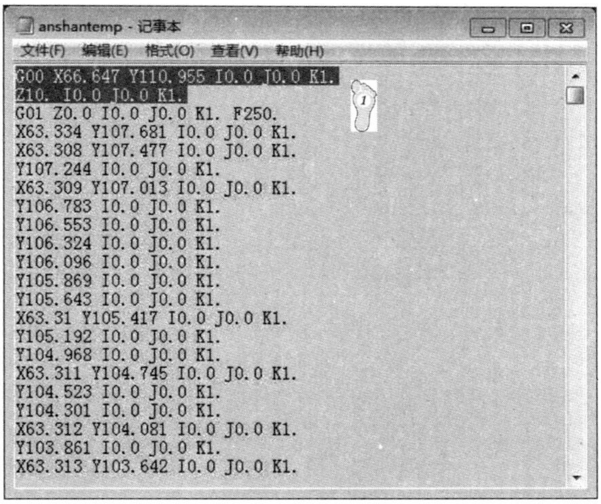

图 6－1－5

注意：多空、少空一行都会出现问题。

(2) 轨迹的导入

1）后处理程序放入指定目录文件夹

将正确处理后的 NC 后处理程序放到 RobotAssist 离线编程仿真软件规定的位置如图 6－1－6～图 6－1－8 所示。

Robot Assist 写字案例（中）

[1] 删除前两行的后处理程序，即 G00 开头的坐标定位程序。

NC后处理程序的后两行也要删除，并增加M30用于结束程序。

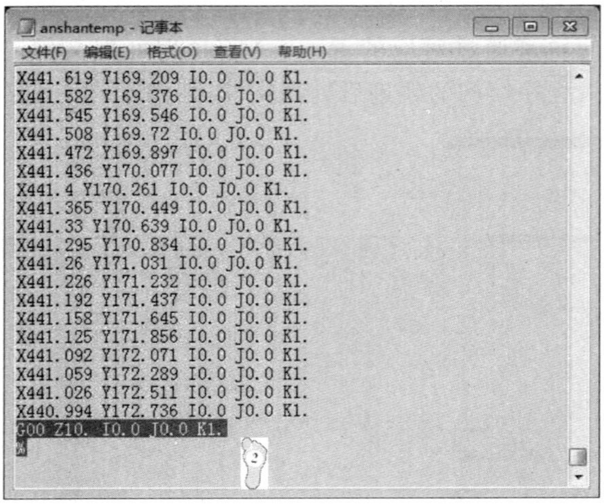

图 6-1-6

在M30输入之后，按下回车键，空一行保存即完成NC后处理程序的处理。

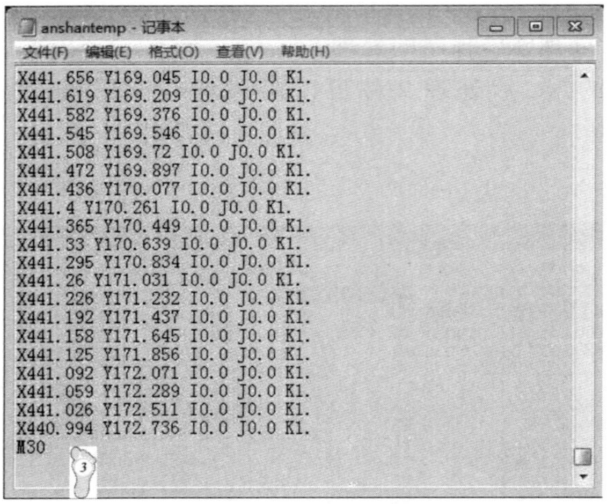

图 6-1-7

存放在robotassist release根目录文件夹。

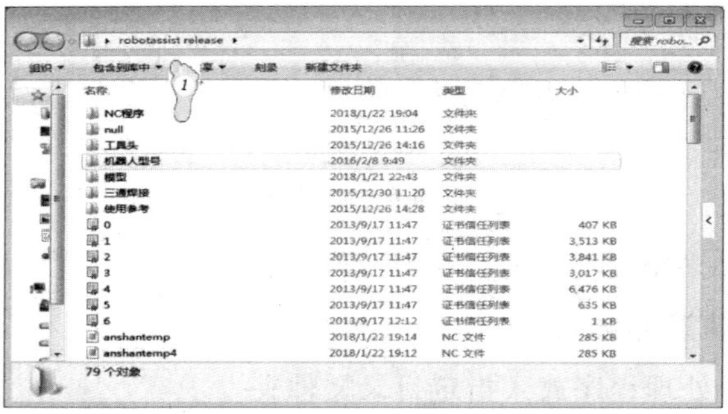

图 6-1-8

2）工业机器人本体和轨迹编程涉及工作站组件的导入

打开 RobotAssist 离线编程仿真软件，首先完成工业机器人本体和轨迹编程涉及工作站组件特别是工具等组件的导入，如下图 6－1－9 所示。

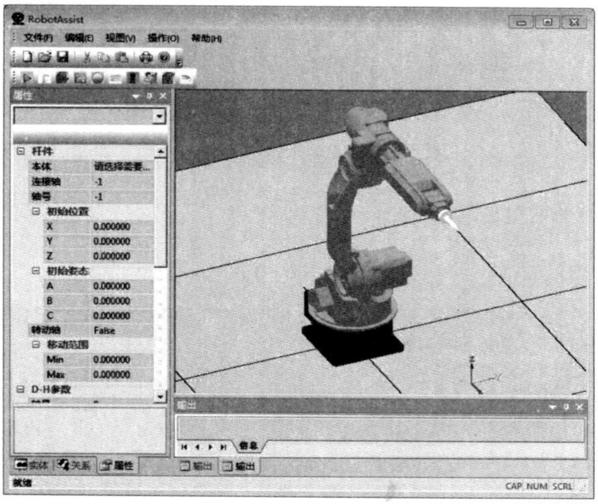

图 6－1－9

3）轨迹编程的导入

轨迹编程的导入如图 6－1－10 及图 6－1－11 所示。

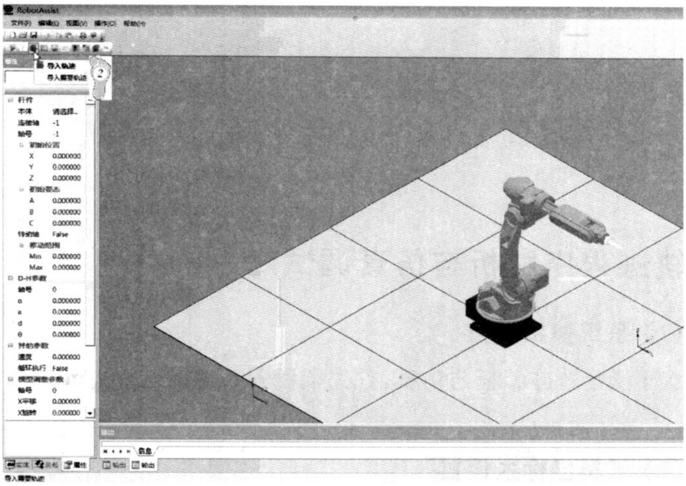

图 6－1－10

最后从 robotassist release 根目录文件夹里选择要导入的轨迹，完成轨迹导入。

②单击 RobotAssist 离线编程仿真软件中的“导入轨迹”图标。

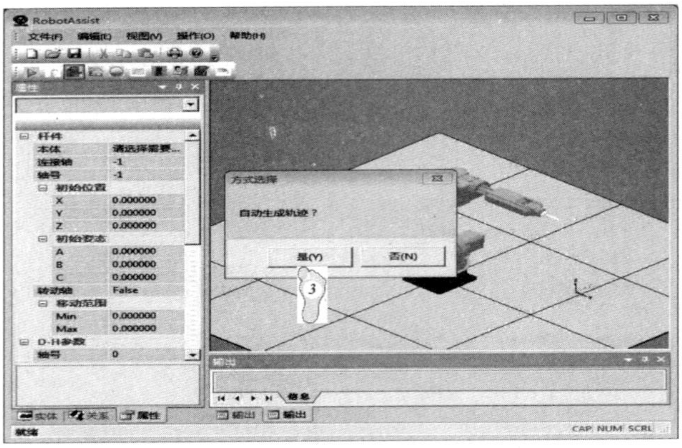

图 6-1-11

单击“是”按钮。

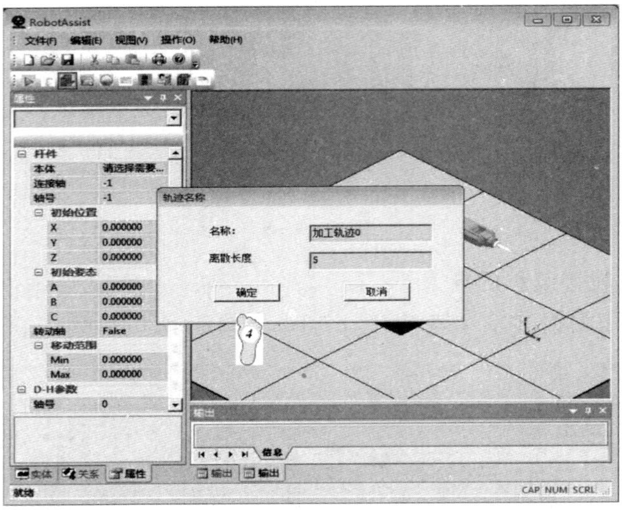

图 6-1-12

可以根据加工的实际需求通过调整离散长度来实现工业机器人轨迹点密度的控制。

3. 轨迹程序解析与仿真调试

(1) 系统参数设置

为了满足轨迹编程与仿真，首先须设置系统参数，如图 6-1-13 所示。

(2) 工具坐标系设置

然后根据工具坐标的实际位置设置工具坐标系位置，如图 6-1-14 所示。

(3) 工件坐标系设置及轨迹编辑

工件坐标系设置及轨迹编辑如图 6-1-15 所示。

轨迹位置可通过工件坐标系的测量获得，务必与工业机器人工作台上实际的工件坐标系位置对应。

Robot Assist 写字案例（下）

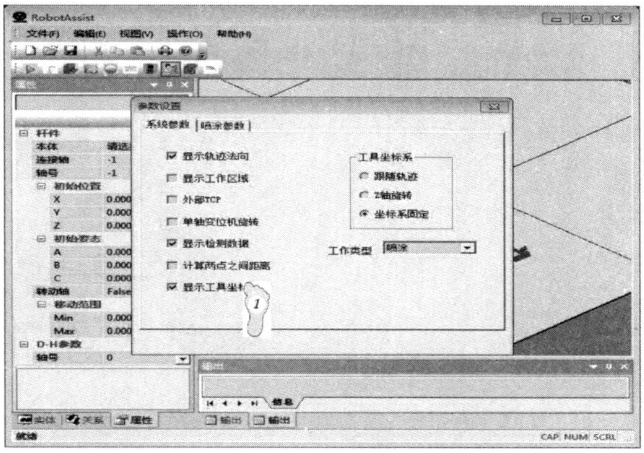

图 6-1-13

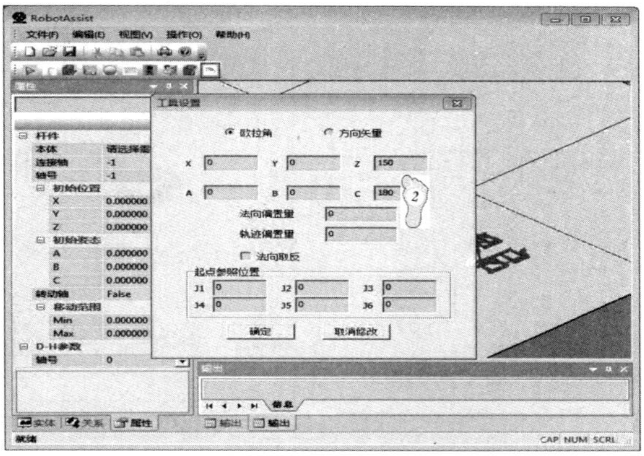

图 6-1-14

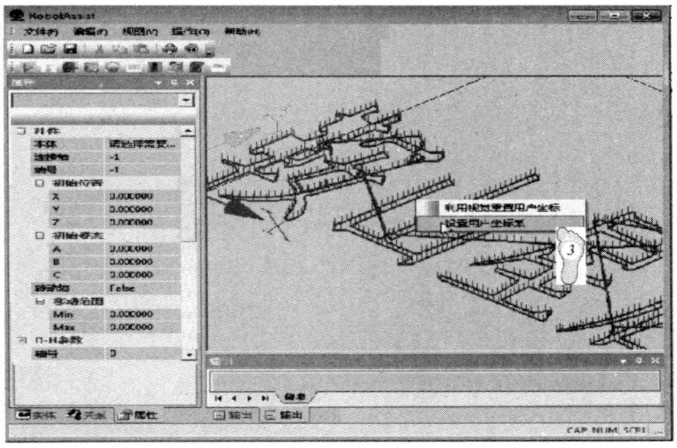

图 6-1-15

(1) 根据图片设置系统参数。

(2) 这里的数据是通过TCP点测量获得的，因此这些数据务必与工业机器人工具的TCP点位置相对应。

(3) 放大视图，选中轨迹线中任意一点；然后右击，选择“设置用户坐标系”，即可实现轨迹位置编辑。

(4) 轨迹仿真及程序编辑

完成工具、工件坐标系设置后即可对轨迹进行仿真，在仿真过程中监视其工作状态，若轨迹完成过程中出现问题，如出现干涉或奇异点、死点等情况，可随时对程序进行编辑，虚拟仿真和程序编辑界面分别如图 6－1－16 及图 6－1－17 所示。

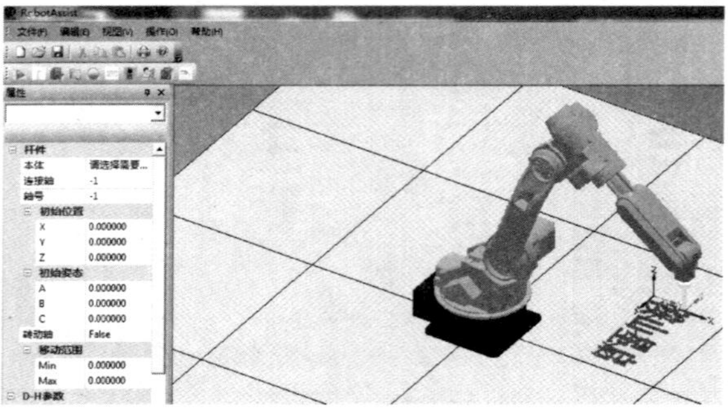

图 6－1－16

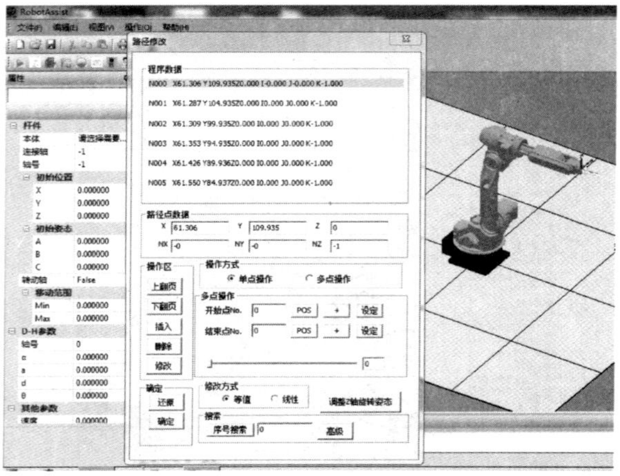

图 6－1－17

(5) 输出机器人后处理程序

单击 RobotAssist 主界面中的“输出后处理文件”，如图 6－1－18 所示。

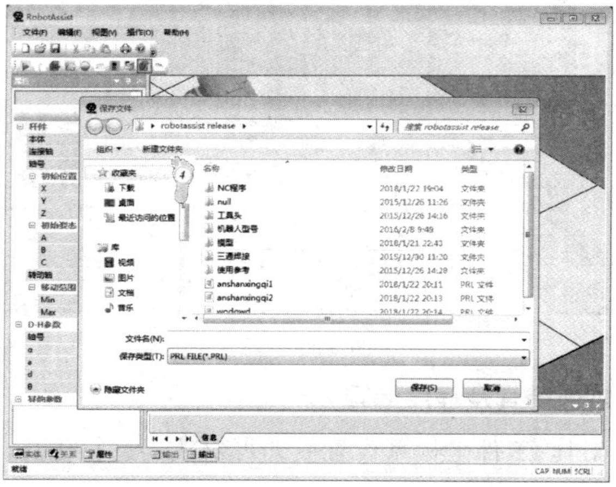

图 6－1－18

Robot Assist 的 UG 软件设置打磨把手的打磨面及轨迹（上）

Robot Assist 的 UG 软件设置打磨把手的打磨面及轨迹（下）

Robot Assist 把手打磨（上）

Robot Assist 把手打磨（下）

完成后处理文件的命名和保存。

注意：RobotAssist 默认后处理文件的存放位置是 robotassist release 根目录文件夹，选择其他地方无效。

任务 2 喷枪的喷漆离线编程与仿真

1. 喷涂工作站组件设计与导入

喷涂工作站组件设计与导入可根据喷涂工作站设备的组成以及喷涂生产车间的实际情况设计，力求最大限度地贴合实际工作的场景，具体设计方式这里不再赘述，具体导入步骤详见任务 1 轨迹离线编程与仿真中的叙述。

2. 任务分析和离线轨迹设计导入

喷涂离线编程与仿真除了根据喷涂要求设计离线轨迹外，还需要科学设置喷涂中的参数，喷涂参数主要包括喷涂距离、口径大小、速度、喷枪设置、喷涂颜色设置，如图 6－2－1 所示。

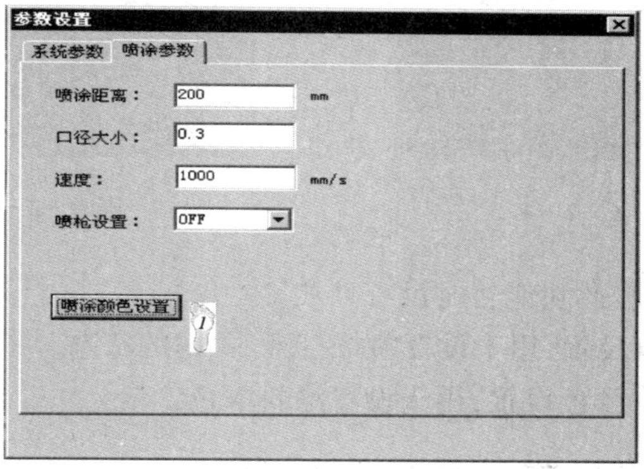

图 6－2－1

参数设置要根据喷涂工艺、喷涂设备和喷涂质量要求等因素而设置。

3. 喷涂参数设置及要求

喷涂距离用于设置喷头喷料的远近，仅用于模拟涂料喷料的状态，距离参数设置达到使用要求即可，尽量不要设置太大，太大对显卡要求比较高。

图 6－2－2 及图 6－2－3 所示分别为将喷涂距离设置成 100 mm 与 200 mm 的效果。

a. 口径大小：用于设置喷涂的范围，模拟涂料的覆盖区域，参数设置范围为 0.01～1。

图 6－2－4 及图 6－2－5 所示分别为将口径大小设置成 0.2 与 0.5 的效果。

Robot Assist 三通焊接(上)

Robot Assist 三通焊接(中)

Robot Assist 三通焊接(下)

图 6-2-2

图 6-2-3

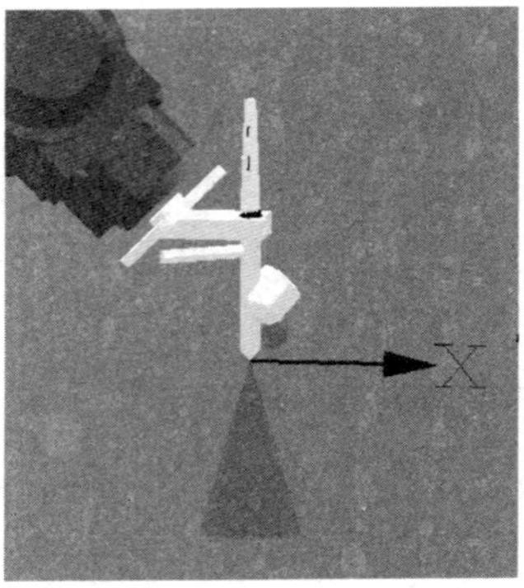

图 6-2-4

图 6-2-5

b. 速度:此功能暂时没有开放。

c. 喷枪设置:用于设置喷枪打开/关闭的状态。

d. 喷涂颜色设置:用于设置涂料颜色。

4. 轨迹的生成及后处理导出

参照任务 1 轨迹离线编程与仿真中的步骤和内容生成后处理程序并导出。

思考实践

1 如何利用 RobotAssist 离线编程软件搭建喷漆工作站,生成正确的轨迹程序文件,经过后处理并导出轨迹程序文件?

2 如何利用 RobotAssist 离线编程软件搭建打磨工作站,生成正确的轨迹程序文件,并导出轨迹程序文件?